川派中医药名家系列丛书

孙同郊

主编 ◎ 汪静　孙同郊

西南交通大学出版社
·成　都·

图书在版编目（CIP）数据

孙同郊 / 汪静，孙同郊主编. -- 成都：西南交通大学出版社，2025. 7. --（川派中医药名家系列丛书）.
ISBN 978-7-5774-0504-9

Ⅰ.K826.2；R249.7

中国国家版本馆 CIP 数据核字第 2025FH4968 号

Chuanpai Zhongyiyao Mingjia Xilie Congshu　Sun Tongjiao
川派中医药名家系列丛书 孙同郊

主　编／汪　静　孙同郊	策划编辑／李芳芳　黄淑文　张少华
	责任编辑／居碧娟
	助理编辑／姜远平
	责任校对／左凌涛
	封面设计／原谋书装

西南交通大学出版社出版发行
（四川省成都市金牛区二环路北一段 111 号西南交通大学创新大厦 21 楼　610031）
营销部电话：028-87600564　　028-87600533
网址：https://www.xnjdcbs.com
印刷：四川煤田地质制图印务有限责任公司

成品尺寸　170 mm×240 mm
印张　11.5　　插页　2
字数　179 千
版次　2025 年 7 月第 1 版　　印次　2025 年 7 月第 1 次

书号　ISBN 978-7-5774-0504-9
定价　52.00 元

图书如有印装质量问题　本社负责退换
版权所有　盗版必究　举报电话：028-87600562

编 委 会

《川派中医药名家系列丛书》编委会

总 主 编：田兴军　杨殿兴

副总主编：杨正春　张　毅　和中浚

总 编 委：尹　莉　陈　莹

编写秘书：彭　鑫　贺　飞　邓　兰

《孙同郊》编委会

主　　编：汪　静　孙同郊

副 主 编：朱晓宁　魏　嵋　刘　鹏

编　　委：白　雪　李　志　王晓栋

　　　　　郑　丁　彭昭宣　彭孟云

孙同郊教授工作照

1959年孙同郊（前排左2）
参加南京中医温病研修班

2006年孙同郊教授（左）与弟子汪静

2008年孙同郊教授（前排右2）参加"十一五"国家科技支撑计划名老中医项目
"孙同郊临床经验、学术思想研究"课题启动会

2006年孙同郊教授（左）获中华中医药学会首届"中医药传承特别贡献奖"

2016年教师节孙同郊教授（前排右四）与学生们

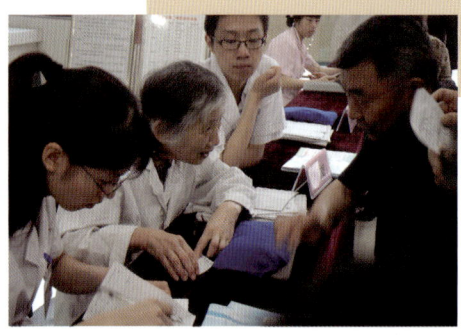

2012年84岁高龄的孙同郊教授（左二）参加"世界肝炎日"义诊

西南医大附属中医医院肝胆病科医生团队

总序——加强文化建设，唱响川派中医

四川，雄踞我国西南，古称巴蜀，成都平原自古就有天府之国的美誉，天府之土，沃野千里，物华天宝，人杰地灵。

四川号称"中医之乡、中药之库"，巴蜀自古出名医、产中药，据历史文献记载，从汉代至明清，见诸文献记载的四川医家有1000余人，川派中医药影响医坛2000多年，历久弥新；川产道地药材享誉国内外，业内素有"无川（药）不成方"的赞誉。

医派纷呈，源远流长

经过特殊的自然、社会、文化的长期浸润和积淀，四川历朝历代名医辈出，学术繁荣，医派纷呈，源远流长。

汉代以涪翁、程高、郭玉为代表的四川医家，奠定了古蜀针灸学派，郭玉为涪翁弟子，曾任汉代太医丞。涪翁为四川绵阳人，曾撰著《针经》，开巴蜀针灸先河，影响深远。1993年，在四川绵阳双包山汉墓出土了最早的汉代针灸经脉漆人；2012年冬，在成都老官山再次出土了汉代针灸漆人和920支医简，带有"心""肺"等线刻小字的人体经穴髹漆人像是我国考古史上首次发现，应是迄今我国发现的最早、最完整的经穴人体医学模型，其精美程度令人咋舌！又一次证明了针灸学派在巴蜀的渊源和影响。

四川山清水秀，名山大川遍布。道教的发祥地青城山、鹤鸣山就坐落在成都市。青城山、鹤鸣山是中国的道教名山，是中国道教的发源地之一，自东汉以来历经2000多年，不仅传授道家的思想，道医的学术思想也因此启蒙产生。道家注重炼丹和养生，历代蜀医多受其影响，一些道家也兼行医术，如晋代蜀医李常在、李八百，宋代皇甫坦，以及明代著名医家韩懋（号飞霞道人）等，可见丹道医学在四川影响深远。

川人好美食，以麻、辣、鲜、香为特色的川菜享誉国内外。川人性喜自在休闲，养生学派也因此产生。长寿之神——彭祖，号称活了800岁，相传他经历了尧舜夏商诸朝，据《华阳国志》载，"彭祖本生蜀""彭祖家其彭蒙"，由此推断，彭祖不但家在彭山，而且他晚年也落叶归根于此，死后葬于彭祖山。彭祖山坐落在四川省眉山市彭山区，彭祖的长寿经验在于注意养生锻炼，他是我国气功的最早创始人，他的健身法被后人写成《彭祖引导法》；他善烹饪之术，创制的"雉羹之道"被誉为"天下第一羹"，屈原在《楚辞·天问》中写道："彭铿斟雉，帝何飨？受寿永多，夫何久长？"反映了彭祖在推动我国饮食养生方面所做出的贡献。五代、北宋初年，著名的道教学者陈希夷，是四川安岳人，著有《指玄篇》《胎息诀》《观空篇》《阴真君还丹歌注》等。他注重养生，强调内丹修炼法，将黄老的清静无为思想、道教修炼方术和儒家修养、佛教禅观汇归一流，被后世尊称为"睡仙""陈抟老祖"。现安岳县有保存完整的明代陈抟墓，有陈抟的《自赞铭》，这是全国独有的实物。

四川医家自古就重视中医脉学，成都老官山2012年冬出土的汉代医简中就有《逆顺五色脉臧验精神》一书，其余几部医简经整理定名为《脉书·上经》《脉书·下经》《刺数》《犮理》《治六十病和齐汤法》《疗马书》。学者经初步考证推断极有可能为扁鹊学派已经亡佚的经典书籍。扁鹊是脉学的倡导者，而此次出土的医书中脉学内容占有重要地位，一起出土的还有用于经脉教学的人体模型。唐代杜光庭著有脉学专著《玉函经》三卷，以后王鸿骥的《脉诀采真》、廖平的《脉学辑要评》、许宗正的《脉学启蒙》、张骥的《三世脉法》等，均为脉诊的发展做出了贡献。

昝殷，唐代四川成都人。昝氏精通医理，通晓药物学，擅长妇产科。唐大中年间，他将前人有关经、带、胎、产及产后诸证的经验效方及自己临证验方共378首，编成《经效产宝》三卷，是我国最早的妇产学科专著。加之北宋时期的著名妇产科专家杨子建（四川青神县人）编著的《十产论》等一批妇产科专论，奠定了巴蜀妇产学派的基石。

宋代，以四川成都人唐慎微为代表撰著的《经史证类备急本草》，集宋代本草之大成，促进了本草学派的发展。宋代是巴蜀本草学派的繁荣发展时期，陈承的《补注神农本草并图经》，孟昶、韩保昇的《蜀本草》等，丰富、发展了本草学说，明代李时珍的《本草纲目》正是在此基础上产生的。

宋代也是巴蜀医家学术发展最活跃的时期。四川成都人、著名医家史崧献出了家藏的《灵枢》，校正并音释，定名为《黄帝素问灵枢经》并由朝廷刊印颁行，为中医学发展做出了不可估量的贡献，可以说，没有史崧的奉献就没有完整的《黄帝内经》。虞庶撰著的《难经注》、杨康侯的《难经续演》，为医经学派的发展奠定了基础。

史堪，四川眉山人，为宋代政和年间进士，官至郡守，是宋代士人而医的代表人物之一，与当时的名医许叔微齐名，其著作《史载之方》为宋代重要的名家方书之一。同为四川眉山人的宋代大文豪苏东坡，也有《苏沈内翰良方》（又名《苏沈良方》）传世，是宋人根据苏轼所撰《苏学士方》和沈括所撰《良方》合编而成的中医方书。加之明代韩懋的《韩氏医通》等方书，一起成为巴蜀医方学派的代表。

四川盛产中药，川产道地药材久负盛名，以回阳救逆、破阴除寒的附子为代表的川产道地药材，既为中医治病提供了优良的药材，也孕育了以附子温阳为大法的扶阳学派。清末四川邛崃人郑钦安提出了中医扶阳理论，他的《医理真传》《医法圆通》《伤寒恒论》为奠基之作，开创了以运用附、姜、桂为重点药物的温阳学派。

清代西学东渐，受西学影响，中西汇通学说开始萌芽，四川成都人唐宗海以敏锐的目光捕捉西学之长，融汇中西，撰著了《血证论》《医经精义》《本草问答》《金匮要略浅注补正》《伤寒论浅注补正》，后人汇为《中西汇通医书五种》，成为"中西汇通"的第一种著作，也是后来人们将主张中西医兼容思想的医家称为"中西医汇通派"的由来。

名医辈出，学术繁荣

新中国成立后，历经沧桑的中医药受到党和国家的高度重视，在教育、医疗、科研等方面齐头并进，一大批中医药大家焕发青春，在各自的领域里大显神通，中医药事业欣欣向荣。

四川中医教育的奠基人——李斯炽先生，在1936年创办的"中央国医馆四川分馆医学院"（简称"四川国医学院"）中，先后担任过副院长、院长，担当大任，艰难办学，为近现代中医药人才的培养立下了汗马功劳。该院为国家批准的办学机构，虽属民办但带有官方性质。四川国医学院也是成都中医学院（现成都中医药大学）的前身，当时汇集了一大批中医药的仁人志士，如内科专家李斯炽、伤寒专家邓绍先、中药专家凌一揆等，还有何伯勋、杨白鹿、易上达、王景虞、周禹锡、肖达因等一批蜀中名医，可谓群贤毕集，盛极一时。共招生13期，培养高等中医药人才1000余人，这些人后来大多数都成为新中国成立后的中医药领军人物，成了四川中医药发展的功臣。

1955年国家在北京成立了中医研究院，1956年在全国西、北、东、南各建立了一所中医学院，即成都、北京、上海、广州中医学院。成都中医学院第一任院长由周恩来总理亲自任命。李斯炽先生继担任四川国医学院院长之后又成为成都中医学院的第一任院长。成都中医学院成立后，在原国医学院的基础上，又汇集了一大批有造诣的专家学者，如内科专家彭履祥、冉品珍、彭宪章、傅灿冰、陆干甫，伤寒专家戴佛延，医经专家吴棹仙、李克光、郭仲夫，中药专家雷载权、徐楚江，妇科专家卓雨农、曾敬光、唐伯渊、王祚久、王渭川，温病专家宋鹭冰，外科专家文琢之，骨、外科专家罗禹田，眼科专家陈达夫、刘松元，方剂专家陈潮祖，医古文专家郑孝昌，儿科专家胡伯安、曾应台、肖正安、吴康衡，针灸专家余仲权、薛鉴明、李仲愚、蒲湘澄、关吉多、杨介宾，医史专家孔健民、李介民，中医发展战略专家侯占元等。真可谓人才济济，群星灿烂。

北京成立中医高等院校、科研院所后，为了充实首都中医药人才的力量，四川一大批中医名家进驻北京，为国家中医药的发展做出了巨大贡献，也展现了四川中医的风采！如蒲辅周、任应秋、王文鼎、王朴诚、王伯岳、冉雪峰、杜自明、李重人、叶心清、龚志贤、方药中、沈仲圭等，各有专精，影响广泛，功勋卓著。

北京四大名医之首的萧龙友先生，为四川三台人，是中医界最早的学部委员（院士，1955年）、中央文史馆馆员（1951年），集医道、文史、书法、收藏等为一身，是中医界难得的全才！其厚重的人文功底、精湛的医术、精美的书法、高尚的品德，可谓"厚德载物"的典范。2010年9月9日，故宫博物院在北京为萧龙友先生诞辰140周年、逝世50周年，隆重举办了"萧龙友先生捐赠文物精品展"，以缅怀和表彰先生的收藏鉴赏水平和拳拳爱国情怀。萧龙友先生是一代举子、一代儒医，精通文史，书法绝伦，是中国近代史上中医界的泰斗、国学家、教育家、临床大家，是四川的骄傲，也是我辈的楷模！

▎追源溯流，振兴川派

时间飞转，掐指一算，我自1974年赤脚医生的"红医班"始，到1977年大学学习、留校任教、临床实践、跟师学习、中医管理，入中医医道已40年，真可谓弹指一挥间。俗曰：四十而不惑，在中医医道的学习、实践、历练、管理、推进中，我常常心怀感激，心存敬仰，常有激情冲动，其中最想做的一件事就是将这些中医药实践的伟大先驱者，用笔记录下来，为他们树碑立传、歌功颂德！缅怀中医先辈的丰功伟绩，分享他们的学术成果，继承不泥古，发扬不离宗，认祖归宗，又学有源头，师古不泥，薪火相传，使中医药源远流长，代代相传，永续发展。

今天，时机已经成熟，四川省中医药管理局组织专家学者，编著了大型中医专著《川派中医药源流与发展》，横跨2000年的历史，梳理中医药历史人物、著作，以四川籍（或主要在四川业医）有影响的历史医家和著作为线索，理清历史源流和传承脉络，突出地方中医药学术特点，认祖归宗，发扬传统，正本清源，继承创新，唱响川派中医药。其中，"医道溯源"是以"民国"前的川籍或在川行医的中医药历史人物为线索，介绍医家的医学成就和学术精华，作为各学科发展的学术源头。"医派医家"是以近现代著名医家为代表，重在学术流派的传承与发展，厘清流派源流，一脉相承，代代相传，源远流长。《川派中医药源流与发展》一书，填补了川派中医药发展整理的空白，集四川中医药文化历史和发展现状之大成，理清了川派学术源流，为后世川派的研究和发展奠定了坚实的基础。

我们在此基础上，还编著了"川派中医药名家系列丛书"，汇集了一大批近现代四川中医药名家，遴选他们的后人、学生等整理其临床经验、学术思想编辑成册。预计编著一百人，这是一批四川中医药的代表人物，也是难得的宝贵文化遗产，今天，经过大家的齐心努力终于得以付梓。在此，对为本系列书籍付出心血的各位作者、出版社编辑人员一并致谢！

由于历史久远，加之编撰者学识水平有限，书中罅、漏、舛、谬在所难免，敬望各位同仁、学者，提出宝贵意见，以便再版时修订提高。

中华中医药学会　　副会长
四川省中医药学会　　会长
四川省中医药管理局　　原局长
成都中医药大学教授　　博士导师

2015年春初稿
2022年春修定于蓉城雅兴轩

自序

　　1953年2月，我毕业于南京大学医学院医学专业，1956年初幸运地被组织安排，调入刚成立不久的中国中医研究院内科研究所，跟随名中医学习中医学。极好的中医启蒙教育，成为我步入"西学中"队伍的人生转折点，可惜在中研院的时间学习仅一年半。1959年，我又参加了南京中医学院举办的全国温病师资班接受培训，此后又接受了泸州医学院中医老师和同人的指导和帮助，并且不懈地自学中医典籍，参加临床实践，逐渐成为坚定的中医传承者。回顾66年行医经历，感慨很多，主要有二：一是学中医既苦又甜。学中医必须坚持不断学习，在浩瀚典籍的精深哲理里，浅尝辄止是不可能获得精髓的，只有多读多体会才能有所领悟。中医诊病，必须潜下心来，用心倾听病员的诉述，察脉望舌，积极思考，严密分析，才能摸清病情和处方下药。在临床工作中常有惆怅和惊喜，分析每次惊喜的获得，都是由于辨证正确，病、证、法、方、药的密切配伍。二是学习中医的工作任重道远。中医学植根于中国悠久的优秀文化，撷取其精华，如整体衡动、辨证论治、天人合一、法于自然、形神合一、以人为本等真理，并且经过数千年历代医家的实践、传承和创新，不断充实和提高，使之虽古老而又合乎时代的需要，故能历数千年而不败，至今仍造福人民。时至今日，继承和创新的任务已落在现代中医人肩上，在现代科技日新月异和中医正在走向世界的背景下，中医学必须加速传承和发展，使之永葆光芒，我辈和后辈责任重大，必须竭尽全力！

　　人才培养是学科建设的核心，中医学的发展需要大量人才，在快速培养人才的同时培养出高质量人才，才能适应时代需求。由于中医学术的特殊性、哲理性、感悟性和人性化等特点，仅仅依靠院校培养模式培养中医人才是远远不能满足需要的。20世纪90年代以来，国家启动的师承教育制度和"读经典、做临床"研修计划等，已培养出大批中青年中医骨干，为人才队伍建设作出巨大贡献。近年，国家和四川省中医药管理局又提出编著"川派中医药名家系列丛书"规划，收集四川等各地名、老、有特长的中医药家的临床经验、学术思想、专长特技等编辑成册，既可防止医学资源流失，又可供后学者学习、共享和传承，这无疑又是加速中医人才培养和发展中医学术的重要措施。当我被认可为被编写人员时，自感才疏学浅，惶恐不安，自问我对精湛的中医学术是否真有认识？深度又有几分？浅薄的经验能否有用？但我的弟子和学生们对此工作极度重视，他们认真收集资料，综合分析，梳理核实，讨论提炼，做出大量成绩，在这样的情况下，我也就只能存着抛砖引玉、添砖加瓦的心愿，不揣简陋地协助他们完成此项工作，谨将此书作为我学医的总结。书中疏漏和谬误之处，敬请朋友和同人批评指正。

孙同郊

于二〇一九年一月

编写说明

孙同郊教授是新中国成立后第一批西学中专家,是泸州医学院(现西南医科大学)中医系(现中西医结合学院)的创始人之一。孙同郊教授由最初西医学习中医时的怀疑,到后来自称是"铁杆中医",临床用药看似平淡无奇,却每每效若桴鼓。从医60余载,德艺双馨。至今已90高龄,仍坚持每周出诊两次。"仁心仁术,佑护生命;严谨治学,诲人不倦;虚怀若谷,淡泊名利;赤胆忠诚,甘于奉献",32字总结的"同郊风范"正是孙同郊教授的写照。

2015年,《孙同郊临证随笔》一书出版,熟知孙同郊教授的患者几乎是人手一册,拿着书来求治者不在少数。

为了更好地传承孙同郊教授的宝贵经验和学术思想,按四川省中医药管理局对"川派中医系列丛书"编写的要求,本书系统地整理了孙同郊教授的生平简介、医案、医话,尤其是对孙同郊教授学术思想的总结,首次凝练为"和调思想",并进行了较为系统的阐释。希望本书能对后学有所帮助。

本书是四川省中医药管理局课题"孙同郊临床经验、学术思想研究"的成果,得到四川省中医药管理局的资助,得以呈现于读者;本书编写过程中,西南医科大学附属中医医院在经费、人力和物力方面也给与了大力支持,在此一并表示深深的谢意！研究生陈然、杨昌碧、钱毅、尹玥等做了大量文字整理工作，在此表示感谢！书中有不当之处，恳请读者提出宝贵意见，以便再版时修订提高。

编著者

2023 年 8 月

目录

001　**生平简介**
002　　一、个人简历
002　　二、担任职务
002　　三、科研教学
003　　四、学术主张

005　**临床经验**
006　　一、医案
006　　　（一）肝胆病
021　　　（二）脾胃病
026　　　（三）汗证
029　　　（四）骨质疏松证
031　　　（五）慢性腰腿痛
032　　　（六）带状疱疹
034　　　（七）黄褐斑
035　　　（八）甲状腺乳头状癌
037　　　（九）小儿多动症
039　　　（十）原发性血小板增多症

042	（十一）逍遥散临床应用四例
048	（十二）二仙汤加减临床应用三例
051	（十三）引火归元法验案
055	（十四）孙同郊教授经验方及临床应用
077	二、医话
077	（一）慢性乙型肝炎治疗思路
079	（二）辨治脂肪肝体会
082	（三）酒精性肝硬化治疗体会
083	（四）肝硬化腹水辨治经验
086	（五）治疗原发性肝癌体会
090	（六）慢性胃炎辨治体会
093	（七）骨质疏松症治疗经验
094	（八）慢性腰腿痛治疗体会
096	（九）黄褐斑治疗体会
098	（十）对引火归元法的认识
101	（十一）治疗急性痛风性关节炎体会
103	（十二）慢性阻塞性肺疾病治疗体会
106	（十三）治疗抑郁症的思路
109	三、孙同郊辨治肝硬化诊疗方案（"十一五"科技支撑计划课题成果）
109	（一）病证名
109	（二）辨证分型与诊断要点
110	（三）治则治法
111	（四）方药组成与加减原则
114	（五）疗程
114	（六）疗效评价的指标体系

学术思想

一、和调思想
- （一）整体观和阴阳五行学说是和调思想的理论基础
- （二）恢复自稳调节功能是和调思想的治疗原则
- （三）和调思想指导下的重要治法
- （四）体现和调思想的处方用药观

二、治疗常见肝病的临证思路
- （一）顾护脾胃贯穿肝病治疗始终
- （二）重清热解毒但应用之有度
- （三）治胁痛首重疏肝行气
- （四）治黄疸首重宣利三焦
- （五）活血化瘀尚须审证求因
- （六）治痰浊首重健脾益肾
- （七）治腹水和水肿重视温补肾阳

三、治肝病重体用并调的学术思想
- （一）肝"体用"的内涵
- （二）体用并调治肝病

四、辨病、辨证、辨症三结合的临床思维模式
- （一）对辨病的认识
- （二）对辨证的认识
- （三）对辨症的认识
- （四）辨病、辨证、辨症三结合可以优势互补
- （五）辨病、辨证、辨症三结合的临床应用

学术传承
- 一、汪静
- 二、魏嵋
- 三、刘鹏

145　**论著提要**
146　　　一、论文
153　　　二、著作

157　**学术年谱**
162　**附录**

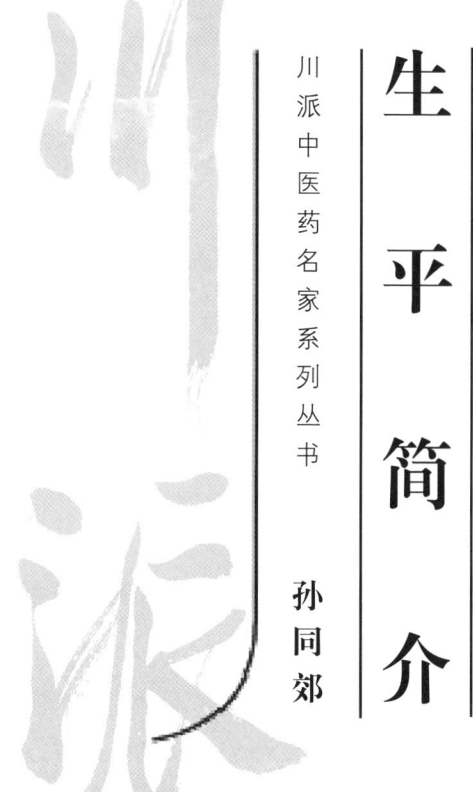

生平简介

川派中医药名家系列丛书

孙同郊

一、个人简历

孙同郊（1928— ），女，上海人。1953 年毕业于南京大学医学院，被分配至中国人民解放军第六军医大学解剖教研室工作。1955 年被组织安排至川南医院泸州医士校（泸州医学院前身）工作。1956 年 3 月至 1957 年 9 月于中国中医研究院内科研究所跟随名中医赵惕蒙和赵锡武等老师学习中医。1959 年在南京中医学院全国温病师资进修班进修温病学。1977 年泸州医学院创办中医系，孙同郊为主要负责人之一。1983 年，泸州医学院成立附属中医医院，时任医学院副院长的孙同郊教授，为该中医院的主要创始人之一，此后扎根医院至今，勤勤恳恳、呕心沥血，伴随着医院从无到有、从小到大，一步步发展为现在享誉省内外的中医名院。孙同郊从医 60 余载，始终秉承"仁心仁术，佑护生命；严谨治学，诲人不倦；虚怀若谷，淡泊名利；赤胆忠诚，甘于奉献"的"同郊风范"，孜孜不倦地行走在岐黄路上，更以和蔼可亲、平易近人的态度、精湛的医术、高尚的医德，赢得人们对她敬以"孙老"的尊称。

二、担任职务

1977 年，泸州医学院成立中医系，孙同郊任系主任，1982 年升任学院副院长。孙同郊教授是首批享受国务院政府特殊津贴专家，曾任中华中医学会第一、第二届理事，四川省中医学会第一、第二届常务理事，泸州医学院第一批硕士研究生导师，四川省第一批名中医，第二届四川省"十大名中医"，泸州市首届"十大名中医"。孙同郊教授获四川省"敬业道德模范"，四川省"大美医者"、国家卫生计生系统"中国好医生"、全国首批"最美中医"等荣誉称号，2022 年被评为"全国名中医"。

三、科研教学

孙同郊教授承担的"养肝止痛口服液的临床及实验研究""复方健肝液治疗慢性乙型肝炎的临床和实验研究""痛立舒口服液治疗急性疼痛的临床和实

验研究""护肝解毒冲剂治疗乙型肝炎的研究"等科研课题，分别获四川省政府科技进步奖、四川省中医管理局科技进步奖、四川省教委科技进步奖等奖项。其承担国家"八五"攻关课题子课题"解毒护肝颗粒治疗慢性乙型肝炎的研究"，所主持研制的"解毒护肝颗粒"已获国家新药证书并转让。

1953年，孙同郊大学毕业后分配至中国人民解放军第六军医大学解剖系，曾承担《组织胚胎学》教学。1961年至"文化大革命"初期，孙同郊担任泸州医学专科学校《西医内科学》教学任务，常常在完成教学任务后，给学生们讲中医方剂、常见病的中医治疗，深受大家喜爱。1972年至1976年，在没有现成的中医教材的情况下，孙同郊参与自编《中医学》讲义，为工农兵三年制大学生开设中医内科和方剂课程。1977年，泸州医学院成立中医系，孙同郊参与《中医基础学》《中药学》《方剂学》《中医内科学》等课程的教学工作。1992年至1995年，孙同郊教授与成都中医药大学联合培养了两届硕士研究生共2名。1995年，泸州医学院成为硕士研究生招生点，孙同郊教授又招收硕士生2名。之后，一直在门诊带教肝胆内科专业历届研究生，指导学生实验设计和毕业论文书写。2002年，孙同郊教授被遴选为第三批全国名老中医药专家师承导师，带徒1名。

四、学术主张

孙同郊教授精研医理，治学严谨，勤于实践，有深厚的中医理论基础及丰富的临床经验。其学术上主张博采众长，择益而从，学无中西，西为中用，临床上采用双重诊断，一重治疗，用辨证寓于辨病、辨病必需辨证的方法诊治疾病。其擅长治疗急、慢性肝炎，脂肪肝，肝硬化，急、慢性胆囊炎，胆石症等肝胆疾病，胰腺炎，急、慢性胃炎，消化性溃疡，肠炎等脾胃疾病，老年性神经衰弱、老年性皮肤瘙痒症等老年性疾病以及头痛、失眠、痹证等内科杂病和更年期综合征等。孙同郊教授主攻中医内科肝胆疾病的防治。其治肝病以清热解毒祛湿为主，辅以疏肝活血、养阴柔肝、健脾益气，自制"茵陈解毒汤"用于肝病湿热甚者，"解毒护肝汤"用于肝病湿热渐退，正虚邪恋者。其治胆病以疏泄通降为要，配合清热解毒、利湿退黄、行气补虚。其治脾胃病强调脾胃虚弱是发病的根本，虚实夹杂、标本并见是脾胃病的特点，治疗急则予以疏、通、温、清，缓则扶脾养胃为主。其治老年病主张在辨证施治的基础上，着重调补肾阴肾阳的虚损。孙同郊教授治病临床疗效显著，所诊治病人遍及云、贵、川等省，享誉省内外。

川派中医药名家系列丛书

临床经验

孙同郊

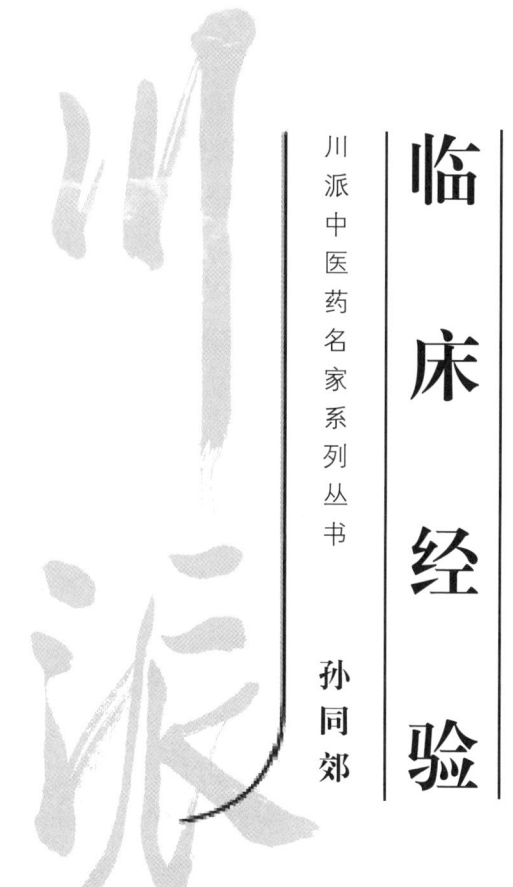

一、医案

（一）肝胆病

1. 酒精性肝硬化

刘某，男，46 岁。2011 年 8 月 20 日初诊。

主诉：疲乏、纳差、腹胀反复发作 4 月余。

患者于 4 月余前因疲乏、纳差、上腹部胀闷不适至成都市某三甲医院诊治，诊断为：酒精性肝硬化（失代偿期）。住院治疗 1 月余，经输注"人血白蛋白""还原谷胱甘肽"，口服利尿剂等，病情好转出院。但出院后仍时感疲乏无力、饮食欠佳，食后腹胀，有时踝部浮肿，遂来求治。既往嗜酒 20 余年，平均每日饮酒量 3~4 两（150~200 g），曾数次醉倒，病后已戒酒 4 月余，无病毒性肝炎病史。

诊见：形体偏瘦，无力体态，皮肤及巩膜无黄染，腹部平坦，无青筋暴露，双下肢胫前轻度凹陷性水肿，纳食不馨，食后上腹发胀，嗳气稍舒，大便正常，日一次，尿少黄，口苦，口干思饮，目眩，夜寐时醒，烦躁易怒，无胁痛，舌质偏红，薄腻、黄苔少许，脉弦细，略数，重按无力。今日肝功：白蛋白（A）35 g/L，球蛋白（G）45 g/L，谷丙转氨酶（ALT）45 U/L，谷草转氨酶（AST）62 U/L，总胆红素（TBIL）36.5 μmol/L。腹部彩超：肝边缘凹凸不平，右肝缩小，门静脉内径（PV）1.4 cm（增宽），脾大（5.0 cm×13.7 cm），胆囊壁粗糙，腹水 1.2 cm。血常规：白细胞（WBC）3.48×10^9/L，红细胞（RBC）3.5×10^{12}/L，血红蛋白（HBG）105 g/L，血小板（PLT）65×10^9/L。

诊断：积聚。

辨证：气阴两虚，气滞血瘀，湿热余邪未尽。

治法：养肝阴，活血化瘀，清热解毒。

方剂：自拟益气活血汤加减。

药物：黄芪 30 g　　炒白术 10 g　　女贞子 15 g　　枸杞子 15 g
　　　北沙参 15 g　　郁金 15 g　　　丹参 15 g　　　赤芍 15 g

益母草 30 g　　茵陈 15 g　　黄芩 10 g　　白花蛇舌草 15 g
鳖甲^(先煎) 15 g　　炒麦芽 15 g

服药 20 余天后自觉疲乏减轻，纳食稍增，腹胀基本消失，下肢已无浮肿，仍口干、苦，心烦。舌质淡红，苔薄腻，脉弦细。复查肝功：白蛋白（A）38 g/L，球蛋白（G）42 g/L，总胆红素（TBIL）34.5 μmol/L，谷丙转氨酶（ALT）27 U/L，谷草转氨酶（AST）38 U/L。腹部彩超：腹腔未见积液征象。其余改变同前。

药物：黄芪 30 g　　炒白术 10 g　　女贞子 15 g　　枸杞子 15 g
菟丝子 15 g　　五味子 10 g　　炒麦芽 15 g　　郁金 15 g
丹参 15 g　　鳖甲^(先煎) 15 g　　茵陈 15 g　　黄芩 10 g
巴戟天 15 g　　白花蛇舌草 15 g

2016 年 5 月 4 日来就诊，诉 2011 年曾有专科医生建议做肝移植治疗，后因条件不成熟而作罢。自 2011 年以来，间断服用上方，每年均来院复诊，病情一直稳定，无并发症发生，无腹水再现，脾肿大如前，血小板计数（50～70）×10^9/L，血清白蛋白正常或略低，除总胆红素略高（约 30 μmol/L）外，其他肝功能检查均在正常范围。患者已恢复工作一年余，心情愉快，体重增加。

按：酒精性肝硬化属于中医学"酒癖""酒疸""积聚""鼓胀"等范畴。在临床中本病以肝肾阴虚和气血两虚尤为多见。本案因酒毒伤及肝脾肾三脏，病性正虚邪实，以正虚为主、邪实为辅，正虚以脾气虚、肝肾阴虚为主，邪实为气滞血瘀兼有湿热。治疗本病，扶正是根本，祛邪是权宜之计，扶正应细察阴阳气血的虚损而治之。立益脾气，养肝阴，活血化瘀，清热解毒之法。二诊病情平稳，前方加减，去益母草加五味子补肝体，加巴戟天、菟丝子助肾阳，有阳中求阴之义。中医药辨证施治，扶正祛邪，阻止了病情发展，改善了患者生存质量。

2. 原发性胆汁性肝硬化伴腹水

陈某，女，52 岁。2016 年 4 月 4 日初诊。

主诉：腹胀 20 余天。

患者于 20 余天前因腹胀难忍在某医院就诊，经检查诊断为"原发性胆汁性肝硬化腹水",予"熊去氧胆酸"、保肝药及利尿剂等,疗效不显,遂来求治。

诊见:痛苦表情,呻吟不已,腹部膨隆绷急,皮肤及巩膜轻度黄染,纳差,进食后腹胀难忍,口干、苦,尿黄、少,大便不畅,少而难解,舌红,苔黄腻,脉弦滑。肝功能检查:白蛋白(A)35.5 g/L,球蛋白(G)42.4 g/L,谷丙转氨酶(ALT)76 U/L,谷草转氨酶(AST)82 U/T,总胆红素(TBIL)68.6 μmol/L,直接胆红素(DBIL)42.4 μmol/L,乙肝病毒(HBV)标志物(-)。腹部彩超:肝边缘不规则,门静脉内径 1.4 cm(增宽),脾大(5.2 cm×13.4 cm),腹水最深处 6.8 cm。

诊断:鼓胀。

辨证:湿热蕴结,气滞水停。

治法:清热除湿退黄,行气利水消胀。

方剂:中满分消丸合茵陈蒿汤加减。

药物:枳壳 10 g　　厚朴 10 g　　黄连 9 g　　黄芩 10 g
　　　半夏 10 g　　陈皮 10 g　　茯苓 15 g　　猪苓 10 g
　　　泽泻 15 g　　白术 10 g　　党参 15 g　　虎杖 15 g
　　　茵陈 15 g　　栀子 10 g　　大黄 6 g　　炙甘草 5 g

2016 年 4 月 18 日复诊:患者服上方第一剂后,腹胀即开始减轻,此后能少量进食,服完 10 剂后,身目黄染有所减轻,尿量增加,大便正常,腹围减小,舌脉同前,予茵陈五苓散加减以利水消胀。

药物:茵陈 15 g　　白术 10 g　　茯苓 15 g　　猪苓 10 g
　　　泽泻 15 g　　大腹皮 12 g　陈皮 10 g　　厚朴 10 g
　　　赤芍 15 g　　丹参 15 g　　益母草 30 g　金钱草 15 g
　　　虎杖 15 g　　蒲公英 15 g　白茅根 15 g　炙甘草 5 g

2016 年 5 月 16 日三诊:病情继续好转,皮肤巩膜已无黄染,食纳正常,尿黄,大便正常,舌淡红,苔薄黄,脉弦。复查肝功能:A 36 g/L,G 38 g/L,ALT 55 U/L,AST 60 U/L,TBIL 33.6 μmol/L,DBIL 24.4 μmol/L。腹部彩超:肝脾同前,腹水 2.4 cm。病情已稳定,腹水消退满意,予自拟益气活血汤加减以益气活血,利水消胀。

药物：黄芪 30 g　　　太子参 30 g　　白术 10 g　　　茯苓 15 g
　　　猪苓 10 g　　　　泽泻 15 g　　　郁金 15 g　　　丹参 15 g
　　　益母草 30 g　　　金钱草 15 g　　陈皮 10 g　　　炙甘草 5 g

按：本案初诊时，腹部胀满，湿热内蕴，亟需清热除湿，退黄消胀，故用药较猛。二诊时，腹胀已减，湿热减轻，即减少消胀行气药，以免攻伐过度，加用活血利水药。随着病情好转，治疗以健脾益气为主，兼以活血利水行气，攻补兼施。在疾病的不同阶段，或以攻为主，或以补为主，谨守病机，而获显效。

3. 乙肝肝硬化腹水伴脐疝

宋某某，男，41 岁。2009 年 2 月 12 日初诊。

主诉：反复腹胀 5 年余，加重伴脐疝 1 月余。

患者于 5 年前无明显诱因感腹胀，伴身目小便黄染、乏力，来院住院治疗，诊断为"乙肝肝硬化 失代偿"，给予保肝、支持、对症等治疗，症状好转后出院。后有反复发作，多次住院，症状缓解后出院。由于经济困难，在门诊间断服中药及利尿剂治疗，症状时轻时重。1 月前患者感腹胀症状加重，出现脐疝，伴腹胀、乏力、小便量少，在当地医院治疗（用药不详）病情无好转，今至孙老门诊求治。

诊见：神志清楚，精神差，语言清晰，皮肤及巩膜轻微黄染，双下肢水肿，按之凹陷，腹部膨隆，脐疝，约 8 cm × 6 cm × 6 cm，皮肤绷急，色暗红。腹胀，纳差，乏力，下肢浮肿，小便量少、色黄，大便正常。舌红苔薄黄，脉沉细。

诊断：鼓胀（乙肝肝硬化腹水伴脐疝）。

辨证：湿热蕴结，水湿内停。

治法：清热利湿，行气活血，利水。

方剂：自拟加味茵陈四苓汤加减。

处方：茵陈 30 g　　　白术 10 g　　　茯苓 15 g　　　猪苓 15 g
　　　泽泻 15 g　　　赤芍 15 g　　　丹参 15 g　　　淫羊藿 15 g
　　　黄精 15 g　　　泽兰 15 g　　　益母草 30 g　　鳖甲^{先煎} 15 g

黄芪 15 g　　　蒲公英 15 g　　　败酱草 15 g　　　菟丝子 15 g
甘草 3 g

水煎服，每日 1 剂，共 20 剂。

另予：螺内酯（安体舒通）40 mg tid，呋塞米 20 mg tid。

2009 年 3 月 4 日二诊：上方共进 20 剂后，精神较前好转，腹胀减轻，仍感乏力，纳少，口干，小便黄，大便正常。脐疝，疝核略有缩小，皮肤略皱缩。

辨证：正虚瘀结。

治法：益气活血，养阴利水。

方剂：自拟益气活血汤加减。

药物：黄芪 15 g　　　山药 15 g　　　白术 10 g　　　薏苡仁 15 g
　　　枸杞子 12 g　　　黄精 15 g　　　女贞子 15 g　　　泽泻 15 g
　　　泽兰 15 g　　　茯苓 15 g　　　猪苓 15 g　　　鳖甲（先煎）15 g
　　　蒲公英 15 g　　　佛手 10 g　　　益母草 15 g　　　路路通 15 g

每日 1 剂，共 30 剂。

仍间断服用螺内酯和呋塞米。

2009 年 4 月 15 日三诊：神志清楚，精神尚可，语言清晰，皮肤及巩膜轻度黄染，脐疝疝核较前缩小，皮肤略皱缩。双下肢较多抓痕、结痂。诉腹胀好转、下肢水肿减轻，但双下肢瘙痒剧烈。

治法：滋养肝肾，活血化瘀。

方剂：自拟养阴益气活血利水汤加减。

药物：生地 15 g　　　山药 15 g　　　山茱萸 15 g　　　女贞 15 g
　　　枸杞子 15 g　　　楮实子 15 g　　　路路通 15 g　　　泽兰 15 g
　　　益母草 15 g　　　赤芍 15 g　　　丹参 15 g　　　丹皮 10 g
　　　蝉蜕 15 g　　　五味子 15 g　　　乌梅 10 g　　　鳖甲（先煎）15 g
　　　黄芪 15 g

每日 1 剂，共 45 剂。

间断服用螺内酯和呋塞米。

2009 年 6 月 1 日四诊：神志清楚，精神尚可，语言清晰，皮肤及巩膜无明显黄染，脐疝疝核明显缩小，呈深褐色。双下肢可见陈旧性抓痕。诸症进一步改善，双下肢瘙痒好转。舌红少苔，脉沉细。复查肝功能示：A 28.7 g/L，G 51.5 g/L，ALT 123 U/L，AST 132 U/L，TBIL 43.3 μmol/L，DBIL 32.2 μmol/L。效不更方，守上方，加紫草15 g凉血活血。共10剂，每日一剂。

2009年6月11日五诊：略感腹胀，皮肤瘙痒明显改善，口干。脐疝疝核进一步缩小，皮肤皱缩，呈深褐色。舌脉同前。守上方治疗。因腹胀不甚，故去楮实子、路路通；皮肤瘙痒明显改善，故去蝉蜕、五味子、紫草。口干为伤阴表现，加黄精15 g养阴。共20剂，每日一剂。

2009年7月2日六诊：上方共进20余剂，食后略感腹胀，口干、头昏。脐疝疝核进一步缩小，呈深褐色。舌红，苔薄黄，脉沉细。气行则水行，患者食后略感腹胀，加大腹皮行气利水，加败酱草15 g、白花蛇舌草15 g清热解毒除湿。共30剂，每日一剂。患者仍间断服用螺内酯和呋塞米。

2009年8月6日七诊：无腹胀、头昏，口干症状改善。腹部平坦，无脐疝，脐周皮肤松弛，色素沉着，双下肢无水肿。舌红，少苔，脉沉细。治疗守滋养肝肾，活血化瘀、清热利湿之法。方守养阴益气活血利水汤加减。

药物：生地15 g　　　山药15 g　　　山茱萸15 g　　　女贞子15 g
　　　枸杞15 g　　　赤芍15 g　　　丹参15 g　　　　黄芪15 g
　　　黄精15 g　　　泽兰15 g　　　益母草15 g　　　车前子15 g
　　　佛手10 g　　　鳖甲^(先煎)15 g　　蒲公英15 g　　　白花蛇舌草15 g

每日1剂，共14剂。

2009年8月20日八诊：诉小便量少，轻微腹胀，腰膝酸痛，伴畏寒、口干。腹部丰满，无脐疝，双下肢浮肿。舌红，少苔，脉沉细。今日复查B超提示少量腹水。因经济困难，患者不愿复查肝功。治疗以滋阴补肾、活血化瘀，加温阳之品。

药物：生地15 g　　　山药 15 g　　　枸杞15 g　　　　楮实子15 g
　　　黄芪15 g　　　赤芍15 g　　　丹参15 g　　　　泽兰20 g
　　　益母草30 g　　鳖甲^(先煎)15 g　　丹皮15 g　　　　续断15 g
　　　黄精15 g　　　女贞子15 g　　大腹皮15 g　　　北沙参15 g

麦冬 15 g　　　菟丝子 15 g

每日 1 剂，共 14 剂。

患者仍间断服用少量螺内酯和呋塞米。

2009 年 9 月 8 日九诊：上方共进 10 余剂后，腹胀消失，口干、胃寒症状改善，双下肢水肿减轻，小便正常。腹部平坦，无脐疝。舌红，苔少、薄白，脉沉细。治疗守养阴益气活血利水汤加减，以巩固疗效。

药物：生地 15 g　　山药 15 g　　女贞子 15 g　　枸杞子 15 g
　　　黄芪 15 g　　黄精 15 g　　北沙参 15 g　　麦冬 15 g
　　　赤芍 15 g　　丹参 15 g　　丹皮 10 g　　　鳖甲 15 g
　　　泽兰 20 g　　益母草 30 g　蒲公英 30 g　　淫羊藿 10 g

每日 1 剂，共 10 剂。

按：肝炎肝硬化腹水属中医"鼓胀"范畴。肝炎病毒属祖国医学"疫毒"范畴，为湿热之性。湿热入侵，阻遏气机，肝气郁结，气行则水行，气滞则血瘀，脉络滞塞，血行不利化而为水。"见肝之病，知肝传脾"，脾主运化，为气血生化之源，肝病传脾，可致脾虚失运，不能化生气血、输布精微以濡养脏腑，脾失运化，斡旋无力，则水湿停聚腹中。终因瘀血水邪停聚中焦，清浊相混而成鼓胀。肝脾久病及肾，肾为水脏，肾失开阖，水道不利，则鼓胀愈甚。

本案的辨证，应分清受损的脏腑部位和病情的正虚和邪实。邪实以湿热内蕴、肝郁气滞、瘀血阻络、水湿内停为主。正虚以脾虚、气阴两虚、肝肾阴虚、脾肾阳虚为主。

治疗先以加味茵陈四苓汤加减清热利湿，再以益气活血汤益气活血，后患者肝肾阴虚症状明显，故守养阴益气活血利水汤随症加减，当出现肾阳亏虚症状时，再加菟丝子、续断、淫羊藿等温补肾阳。由于治疗谨守病机，故获良效。

随访 6 月，患者病情稳定，脐疝未再复发。

附：治疗过程中腹部情况变化图片如下。

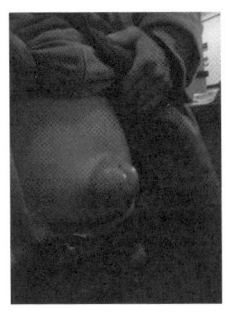 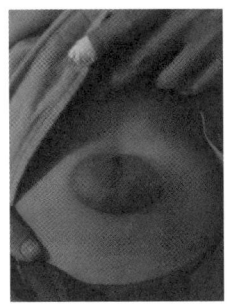 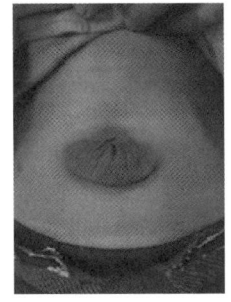 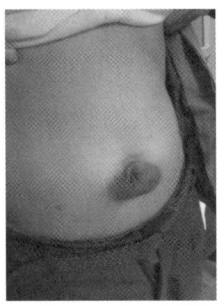

2009年2月12日　　2009年6月1日　　2009年6月11日　　2009年7月2日

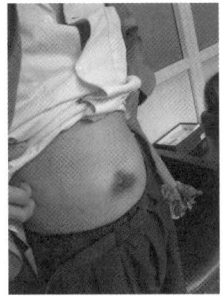 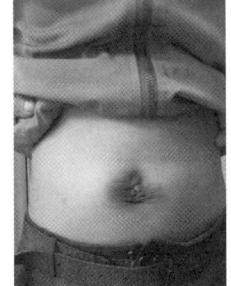 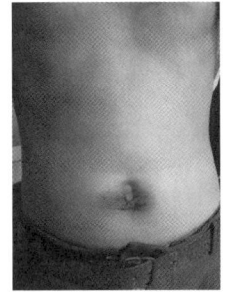

2009年8月6日　　　2009年8月20日　　　2009年9月8日

4. 慢性乙肝顽固性黄疸

马某，男，48岁。2015年9月16日初诊。

主诉：皮肤、巩膜黄染2月余。

患者于2月余前出现皮肤及巩膜黄染，小便黄，伴纳差、腹胀，入住某三甲医院，经检查，诊断为"慢性乙型病毒性肝炎 慢加急性肝衰竭"，曾做人工肝血浆置换5次，口服"恩替卡韦"及静脉输注保肝药等，住院2月，其他症状均有好转，唯总胆红素于每次人工肝后下降，但很快上升，甚至高于做人工肝治疗之前。患者情绪低落，主动要求出院。有乙肝病史20年，既往肝功能一直保持正常，无饮酒史。

诊见：精神欠佳，倦怠乏力，皮肤及巩膜明显黄染，黄色鲜明，四肢及胸背部瘙痒，腹胀，纳呆，无胁痛，尿色深黄。大便色黄，质干，1～2天一次。口干，口苦，舌淡红，苔黄腻，脉沉弦。肝功能检查：A 39 g/L，G 28 g/L，

TBIL 289.4 μmol/L，DBIL 258.2 μmol/L，γ-谷氨酰转肽酶（GGT）108 U/L，碱性磷酸酶（ALP）258 g/L，ALT 64 U/L，AST 45 U/L。乙肝两对半：HBsAg 阳性、抗-HBe 阳性、抗-HBc 阳性。乙肝病毒 DNA（HBV-DNA）5.48×10^4 copies/mL。腹部彩超：肝脏形态正常，包膜光滑，肝内回声增粗，血管纹理不清，门静脉（PV）内径 1.1 cm（正常），肝内外胆管不扩张，脾大小正常。凝血酶原时间基本正常。

诊断：黄疸（阳黄）。

辨证：湿热瘀阻中焦。

治法：清热祛湿，凉血化瘀。

方剂：茵陈蒿汤合甘露消毒丹加减。

药物：茵陈 20 g　　栀子 10 g　　酒大黄 9 g　　赤芍 20 g
　　　丹参 15 g　　白蔻仁 10 g　　藿香 15 g　　炒白术 15 g
　　　茯苓 15 g　　车前子（包煎）15 g　　通草 6 g　　滑石 18 g
　　　黄芩 10 g　　炙甘草 6 g

2015 年 9 月 30 日复诊：服上方后黄疸明显消退，腹胀减轻，饮食增加，皮肤瘙痒亦有所减轻，仍觉倦怠，四肢乏力，大便日 1～2 次，微溏，舌脉同前。上方加太子参 20 g。

2015 年 10 月 14 日三诊：病情好转，黄疸继续消退，无腹胀，饮食正常。皮肤仍瘙痒，仍觉倦怠乏力，便溏，日 2～3 次，小便黄，舌脉同前。今日复查肝功能：A 40 g/L，G 32 g/L，TBIL 158 μmol/L，DBIL 102.6 μmol/L，GGT 74.2 U/L，ALP 正常。守方加减治疗。

药物：茵陈 20 g　　栀子 10 g　　赤芍 20 g　　丹参 15 g
　　　桃仁 10 g　　红花 10 g　　车前子 15 g　　滑石 18 g
　　　通草 6 g　　太子参 30 g　　炒白术 10 g　　茯苓 15 g
　　　薏苡仁 20 g　　苦参 15 g　　炙甘草 6 g

2015 年 10 月 28 日四诊：患者病情继续好转，黄疸明显消退，仍觉皮肤瘙痒，舌脉同前，上方去滑石、通草，加地肤子 15 g、白鲜皮 15 g，服用 14 剂，每日 1 剂。

2015 年 11 月 11 日五诊：轻微黄疸，皮肤瘙痒减轻，食欲正常，仍易疲乏，大便正常，尿黄，舌质淡，苔薄白腻。今日复查肝功能：A 42 g/L，G 31 g/L，TBIL 44.2 μmol/L，DBIL 30.4 μmol/L。治以健脾益气，活血化瘀，清热利湿。

药物：茵陈 15 g　　　赤芍 20 g　　　丹参 15 g　　　桃仁 15 g
　　　红花 10 g　　　黄芪 30　　　　太子参 20 g　　炒白术 15 g
　　　茯苓 15 g　　　薏苡仁 20 g　　车前子 15 g　　金钱草 15 g
　　　炙甘草 6 g

按：本病属中医学"黄疸"范畴，病位在肝胆脾胃，形成的关键是湿邪为患。《金匮要略·黄疸病脉证并治》云："黄家所得，从湿得之"。湿邪壅阻中焦，脾胃失健，肝气郁滞，疏泄不利，致胆汁运行失常。胆液不循常道，外溢肌肤，下注膀胱，而发为身黄、目黄、尿黄。湿与热结或湿从热化，发为阳黄，湿从寒化，寒湿瘀滞发为阴黄。病邪其始在气，继则入血，而致瘀热互结或痰瘀互结，治疗以清热、祛湿、化瘀、健脾、温化水湿为主。已故名医关幼波先生曾言"治黄需解毒，毒解黄易除。治黄需化痰，痰化黄易散。治黄需活血，血活黄易却。"该病病程长，里热或血瘀重、痰热胶结是基本病因，治疗应重用赤芍凉血祛瘀。

本患者黄疸 2 月余，黄色鲜明，口干，大便干，舌红，脉弦，属"黄疸——阳黄"范畴，病机为湿热瘀阻中焦，治疗应清热解毒祛湿，凉血活血化瘀，兼健脾护胃，方选茵陈蒿汤合甘露消毒丹加减。方中茵陈清热利湿退黄，栀子、黄芩清热解毒燥湿；大黄泻火凉血，逐瘀通腑；赤芍、丹参活血化瘀；白蔻仁、藿香化中焦湿浊，悦脾和中；车前子、滑石、通草利小便；白术、茯苓、炙甘草健脾和胃。随着病情演变，又用桃仁、红花加强活血化瘀作用；苦参、白鲜皮、地肤子清热除湿止痒；黄芪、太子参、薏苡仁健脾益气。诸药合用，使湿热瘀毒从二便分消，鼓舞了正气，除去了病邪。

对本病的治疗，孙同郊教授认为，除清热祛湿，凉血活血的重要性外，还应注意以下两点：一是利小便不可忽视。在方中重用了车前子、通草、滑石等药后，可见到黄疸迅速减退，正如古训云："治湿不利小便，非其治也""湿去则热孤"，热邪也就容易消退。二是本病虽属邪盛，但正气不足是发病的根源，正如《金匮要略·脏腑经络先后病脉证并治》所云："见肝之病，知肝传脾，当先实脾"。而且本病湿热蕴结，湿邪又困脾阳，故在治疗中应及时加用健脾药物如黄芪、太子参、白术、茯苓等，一方面可"先安未受邪之地"，另一方面可扶正以祛邪，促进病情恢复，但用量和配伍，仍当以辨证为基础，做到补气而不助邪，补脾而不呆滞。

5. 原发性肝癌

李某，女，58岁。2013年12月9日初诊。

主诉：上腹刺痛20天。

患者于20天前感上腹中部阵发性刺痛，在某医院B超检查发现肝脏有结节，旋即至重庆某大医院行腹部MRI（磁共振扫描）检查示：肝右叶有2.0 cm×1.8 cm低密度结节，边缘欠清，腹后壁淋巴结可见。查甲胎蛋白（AFP）为374 μg/L。诊断为"原发性肝癌"，患者拒绝西医药治疗，乃来院要求服中药治疗。

诊见：上腹部正中偶有刺痛，痛处固定，易疲乏，双下肢乏力，眼雾，口干，出气热，纳食正常，大便偏干，舌质略黯，苔白腻，脉弦。既往有慢性乙型肝炎病史，肝功能一直正常，从未服药治疗。今日肝功能：A 38 g/L，G 30 g/L，ALT 37 U/L，AST 40 U/L，GGT 50 U/L，碱性磷酸酶（ALP）168 U/L。乙肝病毒DNA（HBV-DNA）$3.79×10^4$ copies/mL。

诊断：积聚。

辨证：肝郁脾虚，气滞血瘀证。

治法：疏肝健脾、活血化瘀，佐以清热解毒。

方剂：四逆散合四君汤加减。

药物：柴胡10 g　　白芍20 g　　枳壳10 g　　太子参20 g
　　　炒白术10 g　茯苓10 g　　川芎10 g　　香附10 g
　　　陈皮10 g　　郁金15 g　　丹参15 g　　莪术15 g
　　　蒲公英15 g　白花蛇舌草15 g　半枝莲15 g　炙甘草5 g

拟加服核苷（酸）类抗乙肝病毒药，但患者拒绝而未用。

2014年2月16日复诊：患者服药后疲乏好转，仍感上腹阵阵刺痛，双足发热，眼雾，口微干，饮食及二便正常，舌质淡红、微黯，苔薄腻，脉弦。今日AFP 260.94 μg/L。上方去川芎、香附、陈皮，加北沙参15 g、麦冬15 g

兼顾肝阴以保护肝体。

2014年5月12日三诊：患者能料理家务，仍有上腹刺痛，痛势不剧，偶有反胃，背心发凉，双下肢乏力，口不干，纳食正常，二便正常，舌脉同前。今日复查肝功各项指标正常。腹部彩超：肝内实质回声改变，右肝结节：2.6 cm×2.0 cm，边界欠清。AFP 751 μg/L，因AFP增高加活血解毒药土鳖虫，背心冷加温肾阳药淫羊藿。

药物：柴胡 10 g　　　白芍 20 g　　　党参 20 g　　　炒白术 10 g
　　　茯苓 10 g　　　黄芪 30 g　　　郁金 15 g　　　丹参 15 g
　　　莪术 15 g　　　土鳖虫 10 g　　淫羊藿 15 g　　蒲公英 15 g
　　　白花蛇舌草 15 g　半枝莲 15 g　　炙甘草 5 g

2014年9月22日四诊：病情同前，一般情况好，生活如常人，今日AFP 574 μg/L，上方继进。

2015年1月14日五诊：病情无明显改变，仍有上腹部隐痛，今日AFP 117 μg/L，守方续服。

2015年8月5日六诊：病情无明显改变，上腹痛无增加，纳食正常，大便溏，手足冷，脉沉弦，舌淡黯，苔白腻，脉弦细。今日查AFP 1187 μg/L，治以扶正祛邪。

药物：黄芪 30 g　　　太子参 30 g　　炒白术 10 g　　茯苓 10 g
　　　郁金 15 g　　　丹参 15 g　　　莪术 15 g　　　土鳖虫 10 g
　　　露蜂房 15 g　　补骨脂 15 g　　巴戟天 15 g　　猫爪草 15 g
　　　白花蛇舌草 15 g　半枝莲 15 g　　炙甘草 5 g

2015年11月28日七诊：病情无明显改变，仍有上腹隐痛，畏寒，纳食正常，大便正常，舌淡黯，脉沉弦，今日AFP 1072 μg/L，肝功正常，腹部彩超：肝实质回声增粗，纹理清晰，PV 1.1 cm（正常），肝右前叶结节2.5 cm×1.8 cm，边界欠清。上方去猫爪草，加全蝎 3 g、蜈蚣 1 条，二者均研末药汁冲服。

2016年3月7日八诊：上腹部隐痛不适，畏寒，手足软，腰酸痛，纳食正常，大便正常，舌脉同前，今日AFP 609 μg/L。上方继进。

2016年7月11日九诊：病情同前，仍有上腹部隐痛、刺痛，精神好，能正常料理家务，接送孙儿上学，饮食、二便正常，舌脉同前，今日 AFP 376 μg/L，守上方加减。由于患者 AFP 居高不下，建议患者加服抗乙肝病毒药物针对病因治疗，经多位医生劝说，患者开始服用恩替卡韦分散片 0.5 mg，每天一次，每晚睡前服。

2016 年 9 月 12 日十诊：病情同前，一般情况好，能正常生活，今日 AFP 417 μg/L。

按：患者因上腹固定刺痛求治，经腹部 MRI 诊断为"原发性肝癌"，属小肝癌范畴，但患者拒绝手术及西药治疗，要求服中药治疗，至今已 2 年 9 个月，病情无明显进展，生活质量好，近似于常人，说明中医治疗肝癌，控制其发展是有一定作用的。此患者的诊断应当是正确的：有 MRI 原发性肝癌的表现；AFP 持续升高，最高到达 1187 μg/L，而无活动性肝病或生殖系胚胎肿瘤等；既往有慢性乙肝病史。

本病治疗扶正与祛邪并用，扶正以健脾益气为主，用四君子汤加黄芪等。初诊时，出气热，口干，眼雾，加用滋肝阴药沙参、麦冬等，后因背心冷，大便溏，加用温肾阳药淫羊藿、巴戟天、补骨脂等。祛邪即疏肝理气用四逆散加减，用柴胡、白芍、香附、郁金等；清热解毒用蒲公英、白花蛇舌草、半枝莲等。痰瘀胶结成肿块是本病的主要病理因素，肝为藏血之脏，尤以瘀血阻滞为主，故用郁金、丹参、莪术、土鳖虫、猫爪草等活血养血、破瘀散结。又因 AFP 长期居高不下，而患者体质尚好，故加用露蜂房、全蝎、蜈蚣等活血祛痰通络作用较猛烈、有小毒、以毒攻毒之品。整个治疗过程遵循扶正而不滞邪、祛邪而不伤正的原则。患者生活简朴，不愿多做检查，因此实验室检查不很完整，影响对疗效的观察。患者服中药很专注，每月或隔月均来复诊，唯服药量不足，每月只服中药 20 剂左右，但从长期临床观察和一些必要的实验结果来看，中药治疗本病，疗效肯定。

6. 肝内胆管结石

邹某某，女，60 岁。2013 年 7 月 3 日初诊。

主诉：上腹部、背心反复疼痛 13 年。

患者于 13 年前出现上腹部阵痛，放射至背心，反复发作，经彩超检查，确诊为"胆囊及肝内胆管结石"。5年前因疼痛难忍，行"胆囊切除术"，术后又因上腹痛剧做第二次、第三次手术，并切除左肝五分之三，末次手术为3月前。

诊见：神清合作，一般情况尚好，上腹部正中及偏右阵阵胀痛，放射至背心，疼痛与饮食有关，常在稍多进食后发作，不嗜油腻，无畏寒发热，无黄染。口干苦，尿黄，大便正常，舌质红，苔厚腻，脉沉弱。昨日腹部B超示：肝内回声增粗，左右肝管、右前、右后及肝内胆管条带状强回声，考虑为胆道积气和肝内胆管结石。脾大（4.6 cm×12.8 cm）。肝功能：A 45 g/L，G 27 g/L，TBIL 23.2 μmol/L，ALT 24 U/L，谷草转氨酶（AST）20 U/L。

诊断：胁痛。

辨证：肝气郁结，肝胆湿热兼脾虚。

治法：疏肝利胆，清热除湿兼健脾益气。

方剂：丹柏四逆散加味。

药物：丹皮 10 g　　黄柏 10 g　　柴胡 10 g　　白芍 30 g
　　　枳壳 10 g　　党参 15 g　　炒白术 10 g　郁金 15 g
　　　金钱草 15 g　鸡内金 10 g　威灵仙 20 g　川芎 10 g
　　　香附 10 g　　陈皮 10 g　　王不留行 15 g 炙甘草 6 g

2014年2月17日复诊：患者反复服上方，上腹痛减轻，发作间隙延长，现为上腹阵阵隐痛及痞胀，无剧痛发作，食纳欠佳，嗳气连连，口干、苦，尿黄，大便正常，眼花，双下肢乏力，舌红，苔薄黄，脉沉。复查彩超：肝内胆管结石，肝左叶切除大半，肝内回声粗糙，血管纹理不清，门静脉内径1.2 cm（正常），脾大（5.0 cm×12.2 cm）。肝功检查无异常。治以疏肝和胃，清热除湿，利胆排石，方选丹柏四逆散合四君子汤加减。

药物：丹皮 10 g　　黄柏 10 g　　柴胡 10 g　　白芍 30 g
　　　枳壳 10 g　　太子参 15 g　炒白术 10 g　茯苓 10 g
　　　郁金 15 g　　金钱草 15 g　鸡内金 10 g　威灵仙 20 g
　　　香附 10 g　　紫苏梗 12 g　佛手 10 g　　炙甘草 6 g

2015年4月2日三诊：患者反复交替服用以上两方，上腹痛发作减轻，现为上腹部偶有隐痛，伴头昏耳鸣，腰酸痛，易疲乏，口干、苦，纳寐正常，二便正常，舌边尖红，苔薄白，脉沉。此为肝胆湿热蕴结日久，伤及肝肾之阴，治以滋阴养血、清热疏肝利胆，方用滋水清肝饮合丹柏四逆散加减。

药物：生地 15 g　　山药 15 g　　山茱萸 15 g　　当归 10 g
　　　白芍 30 g　　柴胡 10 g　　丹皮 10 g　　　枳壳 10 g
　　　黄柏 10 g　　金钱草 15 g　鸡内金 10 g　　郁金 15 g
　　　丹参 15 g　　威灵仙 20 g　炙甘草 6 g

2016 年 4 月 13 日四诊：患者于 2015 年 8 月发现右肺底有结节影，在某医院作第四次手术，术后诊断为右肺下部粘连带，术中探查肝内胆管未发现结石。患者现仅偶感上腹部不适，双下肢软，头昏，眼花，纳食正常，二便正常，舌淡，苔白腻，脉沉弱。治以疏肝健脾和胃利胆，方选柴芍四君子汤加减。

药物：柴胡 10 g　　白芍 20 g　　黄芪 30 g　　太子参 15 g
　　　炒白术 10 g　 茯苓 10 g　　郁金 15 g　　丹参 15 g
　　　金钱草 15 g　 鸡内金 10 g　香附 10 g　　紫苏梗 12 g
　　　佛手 10 g　　炙甘草 5 g

按：患者因胆囊及肝内胆管结石，反复上腹部剧痛，行手术治疗，术后仍有结石产生，多次腹部彩超检查结石未能消失，自 2013 年 7 月起服中药治疗，已坚持 3 年余（其中常有间断）。治疗以疏肝理气、清热除湿、利胆排石为主，用丹柏四逆散为主方，兼健脾和胃、滋阴养血活血等随症加减。2015 年 8 月因"右肺底结节影"手术治疗，发现为局部粘连带，术中探查肝内胆管，已无结石存在。可见中药治疗可消石排石。

丹柏四逆散是泸州已故名老中医张君斗先生的经验方，是在四逆散基础上加丹皮、黄柏而成。方中四逆散疏肝理脾，透邪解郁，现代研究具有消炎止痛，缓解平滑肌痉挛，扩张血管等作用，加丹皮、黄柏清热凉血活血，用于胆道疾患，往往得心应手。

胆为中清之府，藏胆汁而助胃消化，以下行通降为顺，肝胆共施疏泄之职，若各种原因使气机阻滞，影响肝胆疏泄，即可导致胆汁郁滞而湿热内生，淤积日久沉积为砂石，阻塞气机，不通则痛，故出现上腹部及背心疼痛等症，此病机与丹柏四逆散方证相符，故治疗有效。方中加金钱草、夏枯草加强清热解毒作用；威灵仙、鸡内金、王不留行消石排石；川芎、郁金、丹参、陈皮、香附行气活血；香附、紫苏梗、佛手理气和胃；黄芪、四君子汤健脾益气；生地、山药、山茱萸、当归滋阴养血。坚持长期治疗，获得了肯定疗效。

（二）脾胃病

1. 慢性萎缩性胃炎伴肠上皮化生

熊某，女，36岁。2014年4月30日初诊。

主诉：反复胃脘胀满伴隐痛半年余。

患者于半年前因工作不顺，时有情绪抑郁，旋即出现食欲减退、疲乏、食后胃脘胀痛，胃内作响，打呃，在当地医院治疗，诊断为"慢性胃炎"，曾服"多潘立酮""香砂六君子丸"等效果不显。1周前至我院（泸州医学院附属中医医院）胃镜检查，经病理诊断为：慢性萎缩性胃炎伴肠上皮化生。既往有乙型肝炎病史，肝功和腹部彩超一直保持正常，乙肝病毒DNA（HBV-DNA）阴性。已婚，月经正常。

诊见：体形偏瘦，纳食欠佳，食后胃脘胀满、隐痛，痛引两胁，伴胃部灼热，打呃频繁，呃后稍舒，心烦，口微干、苦，大便正常。舌质淡、微黯，舌边红，薄黄苔，脉弦细数。胃镜取组织活检提示：胃黏膜色泽红黄相间，胃窦及胃底部黏膜萎缩性改变伴肠上皮化生，胃底部不典型增生，胃底间质瘤可能性大。建议三月后复查。幽门螺旋杆菌（HP）阳性（++）。

诊断：胃痞。

辨证：肝胃不和，湿热瘀阻。

治法：疏肝健脾和胃，清热除湿化瘀。

方剂：柴芍四君子汤加减。

药物：柴胡10 g　　白芍20 g　　太子参15 g　　白术10 g
　　　茯苓10 g　　陈皮10 g　　香附10 g　　紫苏梗10 g
　　　赤芍15 g　　丹参15 g　　黄连9 g　　蒲公英15 g
　　　莪术15 g　　白花蛇舌草15 g　　炙甘草5 g

2014年10月6日复诊：服上方30剂后病情明显好转，食纳好转，胃胀闷感减轻，打呃减少，胃部无灼热感，以后仍间断服药。今前来复查胃镜提示胃黏膜病变好转，仅胃窦部有轻度萎缩，胃底部仍可见异型增生。体重增加 5 kg。口微干苦，舌同前，脉沉细。肝郁好转，脾胃气虚症较著，更改处方如下：

  药物：黄芪 30 g 太子参 15 g 白术 10 g 茯苓 10 g
     陈皮 10 g 紫苏梗 12 g 香附 10 g 黄连 9 g
     蒲公英 15 g 赤芍 15 g 丹参 15 g 莪术 15 g
     僵蚕 15 g 白花蛇舌草 15 g 炙甘草 5 g

  2016 年 5 月 11 日三诊：患者近两年来坚持服中药并反复胃镜检查 5 次，病变继续好转。2015 年 11 月胃镜报告已无萎缩性改变，胃底异型增生亦有部分消散。HP（-）。建议每年复查胃镜一次。现无胃胀、胃痛，食纳正常，不打呃，二便正常。舌淡红，苔薄白微腻，脉沉细。嘱继续服用上方。

  按：慢性萎缩性胃炎属中医学"胃脘痛""胃痞""嘈杂""反胃"等范畴。本病病位在脾、胃，与肝胆密切相关，多因饮食不节、过食辛辣肥厚，情志失调以及过于劳倦、感受外邪、失治误治，或禀赋不耐等损伤脾胃，土壅木郁，肝气不疏，肝胃不和所致，治当扶正祛邪，而以扶正调补脾胃为基础，胃以通为用，以降为和，脾升胃降，气机调和，则胃痞、胃胀痛可除。

  本案因情志失常，肝失疏泄，胃气不降，气滞中脘，发为胃痞、胃痛；胃气上逆，则发为呃逆。气机郁滞，郁久化热，郁久生瘀。脾胃互为表里，脾运化水湿功能失常，湿热瘀阻，故胃部灼热、心烦、口干苦，脉弦数，舌微暗，苔薄黄。初诊治以疏肝健脾和胃，清热除湿化瘀，湿热得清，瘀血得化，肝胃调和，则诸症缓解。继之加大健脾益气力度，以固后天之本。在治疗中配用香苏散（《太平惠民和剂局方》），方中香附入肝解郁理气、止痛，苏梗入胃，顺气开郁和胃，陈皮行气和胃化湿。又加僵蚕、莪术等祛痰活血、散结解毒。治疗谨守病机而获显效。

2. 慢性胃炎

  胡某，男，52 岁。2016 年 1 月 6 日初诊。

  主诉：反复胃脘胀痛 2 年余。

患者于2年前因工作繁忙，饮食不规律，出现上腹部阵发性胀痛，伴嗳气泛酸，食欲下降，身体逐渐消瘦，1年前在某医院胃镜检查，提示胃窦、胃体部胃黏膜充血水肿，伴糜烂，诊断为慢性浅表性胃炎。曾服奥美拉唑、胶体果胶铋等治疗效果不显，遂来院求治。

诊见：精神焦虑，形体消瘦，上腹部胀痛伴灼热感，牵扯及右胁痛，嗳气、泛酸、纳呆、口干苦，大便溏，日一次，夹不消化食物，舌偏胖，舌边尖红，苔薄黄，脉弦。

诊断：胃脘痛。

辨证：肝胃不和、邪热犯胃。

治法：疏肝健脾和胃。

方剂：四逆散合四君子汤加减。

药物：柴胡10 g　　白芍30 g　　枳壳9 g　　党参15 g
　　　炒白术10 g　茯苓10 g　　紫苏梗12 g　陈皮10 g
　　　香附10 g　　黄连9 g　　蒲公英15 g　海螵蛸15 g
　　　浙贝母10 g　炙甘草6 g

2016年1月20日复诊：服药两周后精神转佳，食欲增加，泛酸、嗳气减轻，仍胃脘胀痛，食后尤甚，大便溏，日一次，舌淡红，苔薄白，脉弦，治以疏肝理气，健脾和胃，方选柴芍六君子汤加减。

药物：柴胡10 g　　白芍30 g　　党参15 g　　炒白术10 g
　　　茯苓10 g　　陈皮10 g　　紫苏梗12 g　干姜9 g
　　　丹参15 g　　木香9 g　　砂仁6 g(后下)　海螵蛸15 g
　　　黄连9 g　　蒲公英15 g　炙甘草6 g

2016年2月3日三诊：服药后胃脘痛明显好转，无嗳气泛酸，食欲好，大便正常，舌脉同前，上方继服7剂以巩固疗效。

按：患者因工作繁忙，饮食不规律致脾胃损伤而发病，辨为肝木乘脾，肝胃不和兼湿热中阻证。肝气郁结，不通则痛，故胃脘胀痛，肝气犯胃，胃气上逆，故嗳气泛酸；热邪犯胃，故胃部灼热，口干苦，舌红。方用四君子汤健脾益气以治本，合四逆散疏肝理气，调和肝脾以止痛，重用白芍，合芍药甘草汤柔肝缓急以增强止痛作用，加香附、苏梗、陈皮理气和胃以恢复脾胃升降功能。黄连、蒲公英清热除湿以祛邪,海螵蛸、浙贝母抑制胃酸。复诊时症状有所缓解,但仍胃脘胀痛不止,考虑此乃气滞日久伴有血瘀所致,故加丹参饮(用木香代檀香)以行气活血止痛。加干姜,一则温助脾阳,二则与黄连相配伍,辛开苦降,有利于消除胃部痞满。通过辨证治疗,获得满意疗效。

3. 门脉高压性胃病

邱某,男,41岁。2014年6月25日初诊。

主诉:反复胃脘胀满、隐痛、黑便3个月。

患者于3个月前出现反复胃脘胀满,隐痛不适,伴黑大便,曾在某医院检查大便隐血强阳性,胃镜检查:胃底及胃体黏膜糜烂伴出血。诊断为"门脉高压性胃病"。予多潘立酮、奥美拉唑等治疗,病情时有反复,乃寻求中医治疗。既往有乙型肝炎病史,饮酒史,2年前确诊为"乙型肝炎肝硬化",旋即戒酒并口服抗乙肝病毒药物恩替卡韦。

诊见:倦怠乏力,头昏,胃脘部时感胀闷,痞满,打嗝,不冒酸,无恶心呕吐,纳食欠佳,食后胀痛加剧,口淡,口渴喜温饮,小便正常,大便1~2日1次,时带黑色。面色萎黄,腹平坦,舌质淡,苔白腻,脉弦细。肝功能:A 34 g/L,G 40 g/L,TBIL 13.2 μmol/L,ALT 27 U/L,AST 21 U/L。腹部彩超:肝脏边缘不规则,回声增多增粗,血管纹理不清,PV(门静脉内径)1.4 cm(增宽),脾大(4.8 cm×13.2 cm)。血常规:白细胞(WBC)$6.4×10^9$/L,红细胞(RBC)$3.5×10^{12}$/L,血红蛋白(HGB)82 g/L,血小板(PLT)$58×109$copies/L。大便隐血强阳性。2014年6月20日胃镜检查示:食道下端及胃底静脉曲张,未见破裂出血,胃底及胃体黏膜充血糜烂伴散在出血点。

诊断:1. 胃痞。

   2. 便血。

辨证:1. 肝郁脾虚,肝胃不和。

   2. 脾气亏虚,气不摄血。

治法:疏肝和胃,健脾益气,补血摄血。

方剂:柴芍四君子汤加味。

药物：柴胡 10 g　　白芍 20 g　　黄芪 30 g　　党参 15 g
　　　炒白术 10 g　茯苓 10 g　　当归 10 g　　木香 10 g
　　　炮姜 9 g　　　阿胶 9 g(烊化)　茜草 15 g　　白及 10 g
　　　三七 3 g(冲服)　炙甘草 6 g

共 7 剂。嘱卧床休息，进软食。

2014 年 7 月 2 日复诊：服上方后患者胃脘痞胀减轻，倦怠感减轻，大便已转为黄色，唯大便隐血仍阳性，饮食稍增加，仍以软食为主，舌脉同前，病情已有好转，原方继进 7 剂。

2014 年 7 月 9 日三诊：患者面色转佳，精神爽朗，大便已转为黄色，隐血检查可疑阳性，胃脘仍有阵阵隐痛和胀满，舌脉同前，上方去阿胶、茜草，加海螵蛸 15 g，止血及保护胃黏膜，黄连 9 g 配炮姜，辛开苦降以消痞。共 14 剂。

2014 年 7 月 23 日四诊：病情进一步好转，胃脘胀痛消失，饮食恢复正常，大便日 1 次，隐血（-），舌淡红，苔薄白，脉弦细。治以疏肝和胃，补养肝脾，活血化瘀，软坚散结以巩固疗效，方守柴芍四君子汤加减。

药物：柴胡 10 g　　白芍 20 g　　黄芪 30 g　　太子参 15 g
　　　炒白术 10 g　茯苓 10 g　　当归 10 g　　郁金 15 g
　　　丹参 15 g　　鳖甲 15 g　　海螵蛸 15 g　三七(冲服) 3 g
　　　黄连 6 g　　　厚朴 10 g　　炙甘草 6 g

共 14 剂，每日 1 剂。

嘱不宜服用粗糙食物和酸味食品。

按： 此病人两年前就确诊为"肝硬化"，胃镜检查既有食管静脉曲张又有胃黏膜充血糜烂出血（门脉高压性胃病）。现已公认门脉高压性胃病的主要病机有两个方面：一是门脉高压时引起血流动力学障碍，胃黏膜血管主动充血和被动瘀血，血流缓慢使胃黏膜血流量减少，血氧饱和度下降，使胃黏膜屏障功能降低，这相当于中医的气滞血瘀。二是在门脉高压的胃黏膜基础上，胃腔 pH 值升高，H+反渗增加易致血浆渗出，从而形成胃黏膜出血、糜烂、溃疡。西医治疗对此较为棘手，中医则依靠辨证施治，疏肝和胃、活血化瘀调节肝脾胃的功能等，可获得较好疗效。

患者肝病日久，正气不足，瘀血内阻，现又在此基础上或因饮食失当，或因情志内伤等使肝胃不和、肝郁脾虚、胃络瘀阻，胃络受损，血液溢于脉外而表现为便血（黑便），属中医学血证范畴，病位在肝、脾、胃。血证的病机可概括为火热（虚火、实火）熏灼，迫血妄行和气虚不摄，血溢脉外这两大类，此两类又可相互转化，如初为火热迫血妄行，而在反复出血后，因出血过多，血去气伤可转变为气虚甚或阳虚。本患者便血已3个月。临床见面色萎黄，倦怠乏力，舌淡，脉弦细，已属于气不摄血的病证。"有形之血不能速生，无形之气所当急固"，故治宜补气摄血，方用柴芍四君子汤加味。重用黄芪补气摄血，党参、白术、茯苓、甘草补气健脾，当归、阿胶养血生血，炮姜温经止血，白及收敛止血、生肌，丹参、三七、茜草散瘀止血，木香理气醒脾，与诸补气养血药相伍，可使其补而不滞。柴胡、白芍疏肝和胃理脾。经以上治疗后，便血得以较好控制，此后加黄连配伍炮姜、厚朴，辛开苦降，消除胃痞，加海螵蛸不仅可以收敛止血，又能抑制胃酸，保护胃黏膜。又加郁金合当归、三七等活血化瘀，鳖甲软坚散结。治标与治本相结合。加用海螵蛸和郁金、丹参等既符合中医辨证，又符合现代医学对本病的认识。由于在辨证的基础上结合辨病治疗，疗效甚为满意。

（三）汗　证

1. 肾气亏虚，营卫不和证

朱某，女，56岁。2014年10月2日初诊。

主诉：阵发性烘热、出汗2年。

患者于50岁停经，此后易出汗，尤以近2年来加重，不论休息或活动均可突然出汗，全身溱溱然，以头部及胸背为甚，阵发性，每次10余分钟，昼夜均苦汗出，伴面部潮红，头眩，烦躁，失眠多梦，口苦，便干，腰膝酸软，纳食正常。

诊见：昼夜汗出，面部烘热，头昏目眩，时冷时热，手足心热，腰以下冷，睡眠差，舌边尖红，苔薄黄，脉沉细数。

诊断：汗证。

辨证：肾气亏虚，营卫不和。

治疗：填补肾精，调理营卫。

方剂：六味地黄丸合桂枝汤加减。

药物：生地 15 g　　山茱萸 15 g　　女贞子 15 g　　枸杞子 15 g
　　　菟丝子 15 g　　桂枝 10 g　　白芍 20 g　　浮小麦 15 g
　　　茯苓 15 g　　泽泻 15 g　　甘草 5 g　　大枣 10 g

2014年10月9日复诊：服药后病情好转，烘热及汗出好转，睡眠有改进，仍有头昏目眩，时冷时热，手足心热，腰以下冷。于上方加淫羊藿 15 g、巴戟天 15 g、知母 10 g、黄柏 10 g。

2014年12月8日三诊：患者一直间断服上方治疗，病情明显好转，汗出已止。

按：人体生长发育及盛衰的变化受肾气主宰，妇女绝经后，由于肾气衰退，生理上有一系列的变化导致多个脏器功能失调。肾阴不足，则肝体失养，心阳失济，阳失潜藏，故潮热面红。肾阴阳失调，营卫不和，则有烘热汗出，烦躁易怒，五心烦热，心悸失眠等症。阴虚精亏，则腰膝酸软，头昏耳鸣。肾的阴阳失调引起营卫失调而多汗。本案用六味地黄丸合桂枝汤加减，使营卫、阴阳调和而愈。

2. 营卫不和兼外感风热证

刘某，女，30岁。2016年3月14日初诊。

主诉：多汗伴咳嗽6月。

患者于6月前顺产一男婴，产后出血较多，恶露1月余始尽，产后3日即开始汗出多，稍动即头汗出，至全身均出汗，产后1周开始咳嗽，伴咽喉不适，不发热，阵咳，有时伴气紧，少量痰，乳水少，未哺乳。咳嗽及多汗一直至今，经多方治疗效果欠佳。

诊见：体质微胖，咳嗽不止，为阵咳，偶有少量白痰，全身汗多，头部及颈部为甚，背部垫有毛巾，食纳尚可，二便正常，口干苦，思饮水，舌红，舌体微胖，苔薄黄，脉弦细数。

诊断：1. 汗证。

2. 咳嗽。

辨证：1. 营卫不和。

2. 外感风热。

治法：调和营卫，宣降肺气，祛风止咳。

方剂：桂枝汤合止嗽散加减。

药物：桂枝 10 g　　白芍 15 g　　杏仁 10 g　　浙贝母 10 g
　　　百部 15 g　　紫菀 15 g　　桔梗 10 g　　白前 10 g
　　　黄芩 10 g　　桑白皮 15 g　　大枣 10 g　　甘草 3 g
　　　生姜 3 片（自备）

2016 年 3 月 21 日复诊：服药以后汗出、咳嗽症状明显减轻，守方续进 3 剂。

按：患者产后多汗、咳嗽已 6 月，多属产后气血亏虚，又中风邪所致。汗不止，则邪易入而咳不止，故拟止汗与止嗽同治。咳嗽无痰，无发热，有咽部不适，为风邪伤肺，肺气不宣所致。故治以调和营卫，宣降肺气，祛风止咳，方用桂枝汤合止嗽散加减，方中桂枝汤"外证得之调营卫，内证得之和阴阳"，止嗽散宣肺疏风止咳，切中病机而获显效。

3. 脾肾气虚，营卫不和证

冯某某，女，48 岁。2011 年 5 月 12 日初诊。

主诉：大汗淋漓 1 周余。

患者于 2 月前出现消瘦乏力，左乳外上方扪及包块如指头大，质硬，乃作乳房包块细胞学检查，病理确诊为"乳腺浸润性导管癌"，1 月前在重庆某院行"左乳根治术"，术后接受"多西他赛加阿霉素"方案治疗。患者于近 1 周全身阵阵大汗，动辄尤甚，不动亦汗出，以头颈胸背尤甚，必须局部垫毛巾并反复更换。已婚，无生育史，已停经 1 年。

诊见：面白无华，神疲乏力，语言低微，行动艰难，头晕目眩，心悸，纳差，进食后腹胀、恶心，无呕吐，大便少，舌质淡，苔白腻，脉沉弱。

诊断：汗证。
辨证：脾肾气虚，营卫不和。
治法：调和阴阳，健脾益气。
方剂：桂枝汤合六君子汤加减。

药物：黄芪 30 g　　党参 15 g　　炒白术 15 g　　茯苓 15 g
　　　陈皮 10 g　　法夏 10 g　　桂枝 10 g　　　白芍 20 g
　　　大枣 10 g　　浮小麦 15 g　炙甘草 3 g　　　生姜 3 片（自备）

2011 年 5 月 19 日二诊：服药后，汗已大减，安静时已不出汗，稍活动仍出汗较多，精神好转，说话有力，仍头晕目眩，食纳增加，已能进食少许，无恶心呕吐，大便溏，日 1~2 次，舌脉同前。患者年近半百，已停经 1 年，脾肾均虚，守上方加减。

药物：黄芪 30 g　　党参 15 g　　炒白术 15 g　　陈皮 10 g
　　　桂枝 10 g　　白芍 25 g　　补骨脂 15 g　　菟丝子 15 g
　　　大枣 10 g　　炙甘草 3 g　　生姜 3 片（自备）

2011 年 5 月 26 日三诊：汗证已除，食纳增加。大便日一次，成形。倦怠乏力、目眩等好转。仍守上方加减调理，1 月余诸症渐平。

按：患者受癌毒侵犯，正气亏虚，又加手术及化疗打击，脾肾尤虚，阴阳失调，营卫不和，表卫不固，遂大汗不止。急则治其标，乃以止汗为第一要务，脾肾亏虚不能进食，佐以健脾益气，故方用桂枝汤合六君子汤加减。二诊时已能进食，加补骨脂、菟丝子以顾护肾气。诸药合用，切中病机，而获显效。

（四）骨质疏松证

黎某，女，78 岁。2015 年 5 月 4 日初诊。

主诉：反复腰背、四肢酸痛 4 年，加重 8 月。

患者于 4 年前无明显诱因出现腰背酸痛，后又波及四肢，酸痛逐日增加。3 年前在某三甲医院做骨盆摄片检查，发现骨皮质薄，骨小梁减少，诊断为"骨质疏松症"，予补钙剂、深海鱼油、维生素 D、降钙素等治疗，病情无明显好转。8 月前突感腰痛加重，腰椎检查诊断为"腰椎 3~4 压缩性骨折"，经卧床休息、理疗加用护腰等好转。3月前不慎胸部撞击桌缘而出现右胸6、7肋骨线性骨折。无高血压、糖尿病、甲状腺、肾病等病史。生育4孩。

诊见：形体消瘦，面色苍白，腰背佝偻，语音低微，头昏目眩，食纳差，食后胃脘部胀闷，大便日1~2次，时溏时干，内有不消化食物，舌淡有齿痕，苔薄白腻，脉沉细无力。

诊断：骨痿。

辨证：肝肾不足，气血亏虚。

治法：健脾益气，补益肝肾。

方剂：参苓白术散加减合龟鹿二仙胶（自制）。

药物：太子参15 g　　白术10 g　　茯苓10 g　　陈皮10 g
莲米15 g　　豆蔻（后下）10 g　　炒山楂15 g　　炒麦芽15 g
黄连5 g　　木香9 g　　紫苏梗10 g　　炙甘草5 g

水煎服，日一剂。

龟鹿二仙胶（自制）：

龟甲50份　　鹿角25份　　人参5份　　枸杞15份

按以上比例制胶。每次20 g　一日2次。

患者住某市干休所，返回后，一直服用以上两方，2016年春节来电诉述，服药后病情显著好转，饮食增加，食后饱胀消失，体重增加4 kg，腰背、四肢疼痛减轻，已能料理家务，再无骨折发生。

按：骨质疏松症属于中医学"骨痹""骨痿""虚劳"等范畴。《素问·六节藏象论》曰："肾者主蛰，封藏之本，精之处也，其华在发，其充在骨。"《素问·上古天真论》曰："肾者主水，受五脏六腑之精而藏之，故五脏盛，乃能泻。今五脏皆衰，筋骨解堕，天癸尽矣。"李东垣曰："大抵脾胃虚弱，阳气不能生长……则骨乏无力，是为骨蚀，令人骨髓空虚，足不能履地。"说明本病的发生和发展与先天禀赋不足、肾精亏虚、脾气亏虚和肝血不足等有密切关系。本案患者年近耄耋，五脏已衰，肝肾不足，气血亏虚而致骨痿，治以健脾益气，补益肝肾，方选参苓白术散加减健脾益气，再用龟鹿二仙胶填精养血，助阳益气，使脾复健运，精血充盈，骨得所养而诸症缓解。

（五）慢性腰腿痛

李某，女，83 岁。2016 年 6 月 7 日初诊。

主诉：右臀部及右下肢疼痛 2 月余。

患者于清明节回乡扫墓，乘坐汽车时间较长，遂突发右臀部疼痛，放射至右下肢股部，曾在某医院治疗，作局部封闭、理疗、口服镇痛药治疗等，疗效不显，要求服中药治疗。

诊见：痛苦病容，呻吟不已，右下肢各关节无红肿，皮温正常，右臀右股压痛明显，无发热，食纳差，不思饮食，夜寐不安，晚间疼痛尤剧，不能平卧平坐，行走困难，口不干苦，二便正常，脉沉弦，尺脉弱。既往无剧烈腰痛史，仅在久坐久站后有腰部不适。腰部 MRI 检查提示：腰椎退变伴 L4（腰 4）椎体轻度向前滑脱，L4～L5 椎间盘右侧后型突出并髓核脱出，临近右侧侧隐窝狭窄，L5～S1（骶 1）椎间盘膨出，L4～L5 平面黄韧带肥厚，L4 椎体上缘 I 型终板炎，S2～S3（骶 2～3）椎体囊变，水肿。

诊断：痹症。

辨证：肝肾亏虚，气血不足，痰瘀痹阻。

治法：扶正祛邪。

方剂：独活寄生汤加减。

药物：独活 10 g　　桑寄生 15 g　　细辛 3 g　　　桂枝 10 g
　　　当归 10 g　　白芍 30 g　　　鸡血藤 30 g　　丹参 15 g
　　　桃仁 10 g　　延胡索 10 g　　杜仲 15 g　　　怀牛膝 15 g
　　　党参 15 g　　炒白术 10 g　　炒麦芽 15 g　　炙甘草 5 g

2016 年 6 月 12 日二诊：服药后病情无好转，仍腰腿疼痛，不能平卧，不能平坐，行动困难，呻吟不已，纳差，寐差，舌脉同前。患者以疼痛为主要症状，根据急则治标的原则，治疗改为以通络止痛为主、扶正为辅，改用痹通汤加减。

药物：当归 10 g　　鸡血藤 30 g　　威灵仙 30 g　　土鳖虫 10 g
　　　地龙 12 g　　僵蚕 12 g　　　延胡索 10 g　　白芍 30 g
　　　桂枝 10 g　　细辛 3 g　　　　炙甘草 6 g

2016年6月18日三诊：服上方1剂后，疼痛即有缓解，服完4剂后，疼痛已消失大半，已能平睡平坐，纳食亦有增加，睡眠改善，上方继服3剂。

2016年6月24日四诊：患者腰腿痛已基本消失，已活动自如，纳食正常，睡眠亦可，舌淡苔白，脉弦细。上方去土鳖虫、延胡索、细辛，加黄芪30 g、杜仲15 g、牛膝15 g以善后。

按：本案患者为耄耋老人，肝肾亏虚、气血不足，又遇劳累和外邪入侵，致脉络瘀阻而出现腰腿疼痛，伴纳差、眠差，初诊治以扶正祛邪不效，思患者以疼痛为主要症状，根据急则治标的原则，二诊治疗改为以通络止痛为主，扶正为辅，用朱良春痹通汤加减而获显效。从治疗中体会到"通络以辛、虫类为要"的确切性。叶天士曾认为"飞者升，走者降"，虫类药，灵运迅速，专攻"追拔沉混气血之邪"，可使血无凝着，气血流通而痛止。病情基本恢复后则扶正与祛邪并施。本例患者腰椎损害较重，腰椎的改变绝非数日即能治愈，但中医药的介入可使其炎症及水肿消退，故获得临床症状的痊愈，填补西医药治疗的不足。

（六）带状疱疹

杨某，男，84岁。2014年7月23日初诊。

主诉：左胸痛2月。

患者于2月前外出旅游，旅途劳累，突发左侧胸部阵阵疼痛，无心累、气紧，无发热。2天后左胸壁上方出现群集水疱，似米粒大，确诊为"左胸壁带状疱疹"，经西药治疗（具体用药不详），疱疹于10天后结痂，但左胸痛至今不减，乃要求服中药治疗。既往有高血压病史，用药物控制血压于正常水平。

诊见：体质消瘦，精神疲惫，诉左胸上部持续性刺痛，伴灼烧感，日夜均痛，夜间尤甚，影响睡眠，口干微苦，饮食及二便正常，舌淡暗，苔白，脉弦。查左胸患处有压痛，皮肤微红。

诊断：缠腰火丹。

辨证：气滞血瘀，肝经湿热。

治法：行气活血止痛，清利肝经湿热。

方剂：血府逐瘀汤加减。

药物：柴胡 10 g　　赤芍 10 g　　白芍 30 g　　枳壳 10 g
　　　当归 10 g　　川芎 10 g　　生地 15 g　　桃仁 10 g
　　　红花 10 g　　延胡索 10 g　川楝子 10 g　黄芩 10 g
　　　栀子 10 g　　蒲公英 15 g　炙甘草 6 g

2014年8月2日二诊：局部烧灼感减轻，已不红，不肿，唯疼痛无明显好转，舌脉同前，上方去蒲公英加银花藤 15 g，继服 7 剂。

2014年8月9日三诊：服药后其他症状均好转，唯左胸仍持续刺痛，白天略轻，夜间痛甚，舌脉同前，上方去黄芩、栀子加虫类通络药。

药物：柴胡 10 g　　白芍 30 g　　枳壳 10 g　　当归 10 g
　　　赤芍 15 g　　川芎 10 g　　生地 15 g　　鸡血藤 30 g
　　　红花 10 g　　桃仁 10 g　　延胡索 10 g　全蝎粉（冲服）3 g
　　　地龙 12 g　　僵蚕 12 g　　炙甘草 6 g

2014年8月19日四诊：服药后疼痛明显好转，仅晚上偶有隐痛，食纳好转，精神转佳，睡眠好转，舌淡红，苔薄白，脉弦。养血活血通络以巩固疗效，予以桃红四物汤加减。

药物：当归 10 g　　白芍 30 g　　川芎 10 g　　生地 15 g
　　　桃仁 10 g　　红花 10 g　　鸡血藤 30 g　制首乌 15 g
　　　伸筋草 15 g　地龙 12 g　　僵蚕 12 g　　炙甘草 6 g

按：该患者年老体弱，血虚肝旺，感染湿热蕴毒，导致气血凝滞，经络阻塞不通，以致疼痛剧烈，病情迁延不愈。初诊以疼痛为主要症状，痛点固定，为持续性刺痛，应属于瘀血痛，由于气滞则血瘀，气行则血行，故拟行气活血止痛。患者左胸患处有压痛，皮肤微红，表明病虽已二个月，湿热仍在。治疗以活血化瘀通络止痛为主，兼清肝经湿热。方用血府逐瘀汤加减，方中柴胡、白芍、枳壳疏肝行气，桃红四物汤养血活血祛瘀，加延胡索、川楝子行气活血止痛。白芍、甘草柔肝缓急止痛。黄芩、栀子、蒲公英清肝经湿热，忍冬藤清热解毒通络。随着湿热清除，局部压痛消失，不红不肿，唯疼痛不减，故加用通络止痛、攻毒散结的全蝎、地龙、僵蚕等。随后疼痛即明显缓解，后又加养血通络的鸡血藤、制首乌、伸筋草等使病情痊愈。

带状疱疹是常见病,一般病情较轻,预后较好,但有两种情况应当注意:一是如果疱疹发生在眼部、耳部,容易引起并发症、后遗症;二是年老体弱患者,受邪过重或治疗不恰当,容易遗留久治不愈的神经痛,影响身心健康。该患者已是耄耋老人,病史已 2 个月,颇有后遗疼痛的可能。故在治疗中注意了以下三点:一是祛邪务必要尽;二是及时加用了作用强的通络止痛解毒的虫类药;三是加强养血药品以扶正祛邪。终于使患者避免了遗留神经痛的后患。

(七)黄褐斑

刘某,女,35 岁。2015 年 7 月 6 日初诊。

主诉:面部散在黄褐斑 3 年,加重半年。

患者于 3 年前妊娠后期面部出现黄褐斑,产后黄褐斑曾略微减少,但近半年来又逐渐增多,故来求治。

诊见:患者面部少华,额、双颧及鼻旁有较多淡褐色斑,边界清楚,大小不一,平滑无凹突,倦怠乏力。平素性情较急躁,饮食欠佳,食后上腹饱胀,睡眠不实,多梦,月经对月,经量少,色淡黯,经期前时有乳房胀痛,经后疼痛消失,舌质淡,舌边尖红,苔薄白,脉弦细。

诊断:黧黑斑。

辨证:肝气郁结、气血亏虚、气滞血瘀。

治法:疏肝解郁,益气养血,活血化瘀。

方剂:逍遥散加减。

药物:柴胡 10 g　　当归 10 g　　白芍 20 g　　炒白术 10 g
　　　茯苓 10 g　　太子参 15 g　陈皮 10 g　　紫苏梗 12 g
　　　炒麦芽 15 g　香附 10 g　　郁金 15 g　　丹参 15 g
　　　川芎 10 g　　桃仁 10 g　　红花 10 g　　炙甘草 5 g

2015 年 7 月 20 日二诊:服上药后黄褐斑范围缩小约 50%,颜色亦变浅,精神转佳,食纳好转,月经量较前增多,舌脉同前,原方继进 10 剂。

2015 年 10 月 27 日三诊:患者于 7 月服药后,面部斑块曾基本消失,但于 2 月前外出旅游,路途疲乏,又加晒太阳,又出现面部斑块增多,食纳正常，月经仍少，二便正常，舌淡红，苔薄白，脉弦。守上方加减。

药物：柴胡 10 g　　当归 10 g　　炒白术 10 g　　茯苓 10 g
　　　白芍 20 g　　川芎 10 g　　生地黄 15 g　　女贞子 15 g
　　　墨旱莲 15 g　　郁金 15 g　　丹参 15 g　　桃仁 10 g
　　　红花 10 g　　香附 10 g　　炙甘草 5 g

嘱患者坚持服药，注意调节情绪，避免日光暴晒，不用有刺激性的化妆品等。

按：患者为中年女性，因妊娠而起黄褐斑，产后一直未消尽，临症见患者情绪紧张、急躁，月经前乳房胀痛，知有肝气郁结，面色少华，倦怠乏力，食少，月经色淡黯、量少，属气血亏虚，气滞及气血虚均可导致血瘀而成斑。治以疏肝解郁，益气养血，活血化瘀，方用逍遥散疏肝健脾，加丹参、郁金、川芎、桃仁、红花等活血化瘀，生地黄、女贞子、墨旱莲滋补肾阴，悦颜泽面，香附增强疏肝理气之力，使补而不滞。治疗攻补兼施，标本兼顾，使肝气得疏，脾运得健，瘀血得化，故斑块得消。

（八）甲状腺乳头状癌

张某，女，33岁。2015年6月8日初诊。

主诉：发现颈部包块1月。

患者于1月前因"颈部包块"入住某医院，经甲状腺超声、甲状腺穿刺细胞学检查等，明确诊断后于2015年5月21日行"右侧甲状腺、峡部全切+左侧甲状腺部分切除+中央区淋巴结清扫"术，术中见右侧甲状腺下极有 3 cm×2.5 cm 包块，质硬，活动度差，与气管食管均粘连，气管无受压，病理诊断：右侧甲状腺乳头状癌，左侧甲状腺结节性肿，中央区淋巴结3枚，其中2枚见癌转移。术后恢复良好，口服左甲状腺素钠片（优甲乐）每日 50 μg，于2015年5月27日出院，出院后要求服中药治疗。既往无特殊病患史，月经正常，未婚。

诊见：一般情况良好，生命体征正常，颈部切口愈合良好，未诉咳嗽咯痰，无声嘶、饮水呛咳等症，无上肢麻木，唯饮食欠佳，口淡，乏味，疲乏倦怠，二便正常，舌质淡，苔白腻，脉沉弱。实验室检查：血三碘甲状腺原氨酸（T3）、四碘甲状腺原氨酸（T4）、促甲状腺激素（TSH）均在正常范围。

诊断：瘿瘤术后。

辨证：肝郁脾虚，痰瘀阻滞。

治法：疏肝解郁，健脾和胃，祛痰化瘀。

方剂：柴芍六君子汤加减。

药物：柴胡 10 g　　白芍 20 g　　香附 10 g　　郁金 15 g
　　　太子参 15 g　炒白术 10 g　茯苓 10 g　　陈皮 10 g
　　　法半夏 10 g　赤芍 15 g　　丹参 15 g　　炒麦芽 15 g
　　　鸡内金 10 g　夏枯草 15 g　瓜蒌皮 15 g　炙甘草 5 g

2015 年 6 月 22 日二诊：服药后，饮食已逐渐恢复正常，仍感疲乏无力，出汗较多，无畏寒、发热，二便正常，舌淡微胖，脉沉弱，有肾虚表现，守上方加黄芪、菟丝子、肉苁蓉等。

药物：柴胡 10 g　　香附 10 g　　郁金 15 g　　黄芪 30 g
　　　炒白术 10 g　菟丝子 15 g　肉苁蓉 15 g　女贞子 15 g
　　　赤芍 15 g　　丹参 15 g　　山慈菇 15 g　胆南星 5 g
　　　夏枯草 15 g　白花蛇舌草 15 g　炙甘草 5 g

患者坚持中药治疗，并每日口服优甲乐，病情平稳，无明显不适，多次甲状腺功能检查正常，中药以扶正为主，兼疏肝行气，祛痰瘀，清热毒，并随证加减。至 2015 年 11 月恢复正常工作，此后中药改为每周服 4 剂。2016 年 5 月健康体检中甲状腺超声示：甲状腺手术后改变，无其他异常发现。T3、T4、TSH 均在正常范围。

按：甲状腺疾病属中医学"瘿病"范畴，分气瘿、肉瘿、石瘿、瘿痈四种。本患者颈部肿块坚硬不能移动，应属于石瘿，患者虽无声嘶、气管食管受压迫症状，但手术中已见到气管食管均粘连，送检淋巴结 3 枚中 2 枚有癌转移，故病情已非早期。术后除服优甲乐替代治疗外，未作其他处理，服中药后生活质量恢复正常，无复发，半年后恢复工作，可以说明中医治疗是有疗效的。

瘿瘤位于颈前，颈部循行着任脉和督脉的分支，并与肝、肾等经脉密切联系。本病的发生是在肝气郁结、肾气亏虚、肝失所养或冲任不调的基础上，肝气横逆犯脾，气滞痰凝血瘀壅结颈前，化毒所致。该患者因突然发现患病而抑郁，加上受手术打击而出现纳差、疲乏等症，证属肝郁脾虚，痰瘀未尽，治当疏肝健脾，补养肝肾以治其本，虽颈前包块已切除，仍当祛痰瘀清余毒治其标。以扶正为主、治标为辅。方中用柴胡、香附、郁金、青皮、枳壳等疏肝理气，黄芪、党参、白术、茯苓、薏苡仁、山药等益气健脾和胃，菟丝子、肉苁蓉、巴戟天、淫羊藿、枸杞子、女贞子等补益肝肾，当归、赤芍、丹参、桃仁、莪术等养血活血，法半夏、胆南星、浙贝母、僵蚕等化痰散结，夏枯草、连翘、白花蛇舌草、半枝莲、山慈菇、土鳖虫等清热解毒散结。由于患者良好配合，坚持服药，治疗效果满意，无并发症或癌转移的发生。

（九）小儿多动症

付某，男，9岁。2010年10月3日初诊。

主诉：多动1年余。

患儿于1余年前不明原因出现异常小动作。先是任性急躁，继则频繁眨眼、挤眉、耸肩、坐立不安稳，小动作多，上课思想不集中，多动不安，学习成绩下降，无秽语，无喉中发怪声。曾至成都某医院求治，脑电图无异常发现，智力测试达正常低值。诊断为"小儿多动症"，给服西药（具体药名不详）治疗，家长因担心药物有副作用而要求改服中药治疗。患儿足月顺产，母亲为高龄产妇，独生子女，平素较为娇惯，生活不规律，饮食习惯欠佳，偏食，食量少，无外伤史。

诊见：患儿形体瘦弱，精神尚可，对答清楚，动作繁多，不时走动，坐不安稳，阵阵挤眉眨眼扬手。纳食欠佳，大便时干时稀，口干苦，喜饮水，睡眠欠实，需转辗数十分钟才能入眠，舌质红，苔薄白，脉细略数。

诊断：肝风。

辨证：脾胃气虚，肾阴不足，肝阳偏亢。

治法：健脾培土，养肝息风。

方剂：四君子汤加减。

药物：太子参 15 g　　炒白术 10 g　　茯苓 10 g　　陈皮 10 g
　　　山药 15 g　　　炒麦芽 15 g　　鸡内金 10 g　　柴胡 10 g

当归 10 g　　白芍 20 g　　菊花 15 g　　钩藤 15 g
天麻 9 g　　石决明 15 g　　生牡蛎 15 g　　炙甘草 5 g

2010 年 11 月 1 日二诊：患儿服上药 20 余剂，药后饮食明显增加，身体较前壮实，大便已正常，眨眼、挤眉、扬手等动作减少，唯上课精神仍不能集中，时常玩弄文具，喜动，口干，喜饮水，舌红，苔薄白，脉弦细数。脾虚已好转，肝风仍较旺，治拟滋肾水以涵肝木，方选六味地黄丸合二至丸加减。

药物：生地 15 g　　山药 15 g　　山茱萸 15 g　　女贞子 15 g
　　墨旱莲 15 g　　炒麦芽 15 g　　当归 10 g　　白芍 20 g
　　菊花 15 g　　枸杞 15 g　　钩藤 15 g　　石决明 15 g
　　天麻 9 g　　生牡蛎 15 g

2011 年 3 月 6 日三诊：病情继续好转，仅偶有挤眉、眨眼等怪异动作，上课精神能集中，唯喜动，常不能自主玩弄文具盒，舌脉同前。原方继进。

2015 年 10 月 7 日，其母因"胃脘痛"来院求治，得知患儿于 2011 年下半年病情已愈，除脾气较急躁，容易冲动外，已无眨眼挤眉扬手等小动作，能安静学习，已顺利升入初中，学习成绩达中上水平。

按：小儿多动症严重损害儿童身心健康，也给家庭和社会带来较重负担。该病西药治疗有一定副作用，是中医治疗的优势病种之一。先天禀赋不足，后天护养不当，产伤、外伤等是其主要病因，本患儿父母高龄得子，先天恐已欠缺，又加养护不当，饮食习惯欠佳，致脾胃功能失调。《小儿要证直诀》云：小儿"五脏六腑成而未全，全而未壮"，亟需脾胃濡养，今脾胃虚弱，故见消瘦、腹泻、四肢不坚、多动等症。脾土之与肝木相互协调，脾旺气血生化有源，才能使肝得濡养而冲和条达，脾虚则肝失疏泄而化风，风动于肢体则小动作增多，坐立不稳，风动于上则挤眉扎眼。初诊时患儿体质消瘦，食少，大便时干时稀，一派脾胃虚弱表现，脾胃虚弱则肝木失养，百病蜂起。故先以调理脾胃入手，方中太子参、白术、茯苓、陈皮、山药、炙甘草健脾益气，炒麦芽、鸡内金消食导滞，柴胡疏肝，当归、白芍养肝体，菊花、钩藤、天麻、石决明、生牡蛎平肝潜阳，使脾气得运，生化有源，肝体得养，肝风得平。故获得身体逐渐强壮，眨眼挤眉等小动作减少，大便改善，睡眠转佳等效果。

小儿多动症又称脑功能轻微失调综合征。由于肾藏精，精生髓，脑为髓之海，故本病与肾精不足亦密切相关，肝肾同源，精血互生，由于肾精不足，不能滋水以涵木，故有动风的表现，且患儿口干喜饮，舌质红，脉弦细数，亦为肾阴虚肾水不足的表现，故病至后期时处方改为滋肾养肝以平肝潜阳，方中生地、山药、山茱萸肝脾肾三阴并补而以补肾阴为主，又加女贞子、墨旱莲滋肝肾养精血，而不滋腻，当归、白芍养肝体，菊花、钩藤、石决明、天麻、生牡蛎平肝息风，炒麦芽行气开胃，健脾消食。

自治疗开始起就嘱托患儿家属一定要注意培养良好的生活习惯和健康的饮食调护，还应防止情志冲动，多开导，多鼓励。由于医患良好配合，故达到满意疗效。

（十）原发性血小板增多症

李某某，男，29岁。2013年5月9日初诊。

主诉：发现血小板增多2月余。

患者于2013年3月初因消瘦、疲乏、上腹部隐痛不适就诊于某三甲医院，腹部B超发现肝脾肿大，外周血中血小板计数明显增多，骨髓象巨核细胞增多活跃，诊断为"原发性血小板增多症"，给服羟基脲0.5 g，每日1次，患者自觉服药后症状改善不明显，要求加服中药治疗。

诊见：患者面色无华，形体消瘦，头昏目眩，耳鸣，性情急躁，牙龈时有少量溢血，口水有时带红色，四肢无瘀斑，无黄疸，无发热，食纳尚可，二便正常，口干苦，口臭，舌红，苔薄黄，脉弦数。骨髓象：各系明显增生，以巨核细胞和血小板增生为主，巨核细胞体积较大，多为成熟型。血常规：白细胞（WBC）13.2×10^9/L，红细胞（RBC）364×10^{12}/L，血红蛋白（HGB）105 g/L，血小板（PLT）448×10^9/L。肝功：A 42 g/L，G 21 g/L，ALT 19 U/L，AST 17 U/L，TBIL 20.5 μmoL/L。腹部彩超：肝回声增粗增强，肝门静脉海绵样变，脾大 6.6 cm×18.6 cm，胆囊壁粗糙。

诊断：1. 积聚。

2. 血证。

辨证：肝火旺，肾阴虚，痰瘀内积。
治法：泻肝清胃，清热解毒，凉血止血，化瘀消癥。
方剂：龙胆泻肝汤加减。

药物：龙胆草 10 g　　栀子 10 g　　黄芩 10 g　　柴胡 10 g
　　　青黛^(包煎) 10 g　生地 15 g　　白茅根 15 g　藕节 15 g
　　　车前子 15 g　　茜草 15 g　　鳖甲^(先煎) 15 g　赤芍 15 g
　　　丹参 15 g　　　炙甘草 5 g

2013 年 5 月 30 日二诊：服上方已 20 余剂，患者精神转佳，头昏目眩耳鸣明显减轻，情绪稳定，已无龈衄，仅偶有口水带红色，舌脉同前。今日复查血常规：WBC $11.25 \times 10^9/L$，PLT $326 \times 10^9/L$。腹部彩超同前，上方继服。

2013 年 8 月 7 日三诊：患者每隔 2-3 周就诊，病情继续好转，自觉体力增强，已无出血症状，除偶感左上腹部不适外，无其他症状，饮食正常，二便正常。口仍干，不苦，口臭明显减轻，舌淡红，苔薄白，脉弦细数。今日复查血常规：WBC $9.5 \times 10^9/L$，PLT $254 \times 10^9/L$。肝热已逐渐减轻，但热邪未尽，热邪伤阴，表现为阴虚内热，痰瘀互结，治宜滋阴清热，祛痰化瘀散结，予增液汤加味。

药物：生地 15 g　　　玄参 15 g　　麦冬 15 g　　青黛^(包煎) 10 g
　　　连翘 15 g　　　赤芍 15 g　　丹参 15 g　　丹皮 10 g
　　　莪术 15 g　　　鳖甲^(先煎) 15 g　山慈菇 15 g　瓜蒌皮 15 g
　　　白花蛇舌草 15 g　半枝莲 15 g　郁金 15 g　　炙甘草 5 g

2014 年 4 月 18 日四诊：患者坚持中药治疗，2014 年起，每周服药 3~4 剂，病情稳定，除血小板偶有超过 $300 \times 10^9/L$ 外，大多在正常范围，白细胞亦大都在正常范围，治疗以养阴清热，凉血祛瘀，化痰散结为主，在 2013 年 8 月处方上随症加减。今日复查血常规：WBC $7.2 \times 10^9/L$，PLT $210 \times 10^9/L$。腹部彩超示：肝内回声增粗，肝门静脉海绵样改变，脾 6.0 cm × 18.2 cm，胆壁粗糙。予六味地黄丸合二至丸加减。

药物：生地 15 g　　　山茱萸 15 g　女贞子 15 g　墨旱莲 15 g
　　　赤芍 15 g　　　丹参 15 g　　郁金 15 g　　青黛^(包煎) 10 g
　　　鳖甲^(先煎) 15 g　山慈菇 15 g　莪术 15 g　　瓜蒌皮 15 g

白花蛇舌草 15 g　　半枝莲 15 g　　　炙甘草 5 g

2014 年 5 月 6 日五诊：曾咽喉痛 1 天，在社区治疗服药后好转，左上腹偶胀痛，口微干，食纳正常，大便日 1 次，成形，舌质淡红，薄黄苔，脉弦细略数，今日复查肝功：A 52 g/L，G 19 g/L，ALT 28 U/L，AST 21 U/L，TBIL 33.4 μmoL/L。血常规：PLT 239×10^9/L。腹部彩超：肝内回声改变，门静脉海绵样变，胆壁粗糙，脾 6.0 cm×18.2 cm。予知柏地黄丸加减。

药物：知母 10 g　　　黄柏 10 g　　　生地 15 g　　　山药 15 g
　　　山茱萸 15 g　　赤芍 15 g　　　丹参 15 g　　　郁金 15 g
　　　鳖甲（先煎）15 g　山慈菇 15 g　　莪术 15 g　　　土鳖虫 15 g
　　　瓜蒌皮 15 g　　白花蛇舌草 15 g　半枝莲 15 g　　炙甘草 5 g

2017 年 6 月 13 日六诊：患者坚持中药治疗，每月或数月均来门诊，经常性随访血小板计数，除偶有上腹饱胀外，无其他不适，口微干苦，舌淡红，苔薄白，脉弦细。今日复查血常规：PLT 255×10^9/L，WBC 6.57×10^9/L。肝功正常。腹部彩超：脾 6.2 cm×18.3 cm。予六味地黄丸加减。

药物：生地 15 g　　　山药 15 g　　　山茱萸 15 g　　黄精 15 g
　　　赤芍 15 g　　　丹参 15 g　　　郁金 15 g　　　炒麦芽 15 g
　　　鳖甲（先煎）15 g　山慈菇 15 g　　莪术 15 g　　　土鳖虫 10 g
　　　瓜蒌皮 15 g　　白花蛇舌草 15 g　半枝莲 15 g

按：患者以肝脾肿大，血小板增多，龈衄为主症求治，诊断为"积聚"和"血证"。胁下积块，伴有两胁隐痛不适，病位在肝脾，气滞血瘀，骨髓象出现异常，病位在肾，患病已 2 月余，伴消瘦、疲乏、头昏、目眩、耳鸣，正气已虚，积块较硬，性情急躁，口干苦、口臭，为虚中夹实，龈衄，口水带血，是为肝经热邪，上扰阳明经络所致。热灼阴液为痰，痰瘀互结胁下成积聚。患者正气已虚，邪热较甚，治宜分清脏腑虚实主次，循序治之。病情较复杂，治疗先以清热解毒，凉血止血为要，以防止出血加重，用龙胆泻肝汤加减清泻肝经实火。方中龙胆草、栀子、黄芩苦寒泻火，柴胡舒畅肝胆之气，车前子导湿热从水道而去，青黛清热解毒、凉血消斑，生地、赤芍、丹参凉血活血，白茅根、藕节、茜草凉血止血，鳖甲软坚散结。经治疗后，热势受到顿挫，出血倾向控制，病情好转。继则以滋阴清热解毒，化瘀祛痰散积为治，加用玄参、麦冬、生地养阴清热，青黛、连翘、白花蛇舌草、半枝莲清热解毒，莪术、郁金行气活血，山慈菇、瓜蒌皮化痰散结，病情获得稳定。至疾病稳定期，加用滋阴补肝肾药。生地、山茱萸、女贞子、墨旱莲、黄精等祛邪与扶正并施，知母、黄精清降虚火。本病毒邪难尽，痰瘀难消，但长期服用滋阴补肾，清热解毒，活血化瘀，祛痰散积药后获得了控制病情发展和提高生活质量的效果。

在治疗中有以下两点体会：一是本病血小板、白血球均增多，骨髓象增生活跃，根据中医"阳动""阴静"的理论，属于阳热证候，治疗中发现不宜用黄芪、党参、熟地、阿胶、大枣等补性强的药物，而应平补清补，否则有使血小板增多的趋势。二是原发性血小板增多症是骨髓干细胞克隆性病变，致病原因至今仍不够明确，治疗难度大，有学者将此病归属"血癌"类似病变，中医学通过辨证施治，根据脏腑气血阴阳虚损的不同，热毒痰瘀病邪深浅的差异，补其不足，祛其邪毒，可以获得改善症状，提高生活质量甚或延长生存期等效果，但治疗应持之以恒。中医治疗是在整体观指导下，调整机体达到新的平衡，所以对某些疑难疾病，不求速效，日久方可见到疗效。本患者发病至今已4年余，2014年年初即恢复工作，生活近似常人。

（十一）逍遥散临床应用四例

1. 慢性乙肝

黄某，男，25岁。2012年11月7日初诊。

主诉：右胁隐痛，肝功能不正常3月。

患者于10年前即被发现患有乙型肝炎，每年检查肝功能及腹部彩超均正常，此次于3月前出现右胁隐痛，乏力，在当地检查血液生化指标，发现血清转氨酶升高。服中西药治疗，效果欠佳而来求治。无饮酒史，家族中无肝病史。

诊见：精神欠佳易疲乏，右胁隐痛，饮食欠佳，纳食不香，口干苦，尿黄，大便正常，无目睛黄染，无发热。舌边尖红，薄黄苔，脉弦有力。肝功能检查：白蛋白（A）40.5 g/L、球蛋白（G）31.2 g/L、谷丙转氨酶（ALT）

135 U/L、谷草转氨酶（AST）60 U/L、γ-谷氨酰转肽酶（GGT）54 U/L、总胆汁酸（TBA）15.9 μmol/L、胆碱酯酶（CHE）5270 U/L。乙肝五项：HBsAg 阳性、HBeAg 阳性、抗-HBc 阳性，乙肝病毒 DNA（HBV-DNA）>1×10^5copies/mL。腹部彩超：肝胆胰脾肾未见异常。

诊断：胁痛。

辨证：肝郁脾虚，肝经湿热。

治法：疏肝健脾，清热解毒，活血化瘀。

方剂：逍遥散加减。

药物：柴胡 10 g　　当归 10 g　　白芍 20 g　　炒白术 10 g
　　　茯苓 10 g　　太子参 15 g　郁金 15 g　　丹参 15 g
　　　泽兰 15 g　　虎杖 20 g　　蒲公英 15 g　苦参 15 g
　　　白花蛇舌草 15 g　炙甘草 6 g

2012 年 11 月 31 日二诊：服药后，疲乏好转，食欲增加，仍右胁隐痛，小便黄，口干微苦，舌脉同前，原方继进 14 剂。

2012 年 12 月 14 日三诊：病情继续有好转，右胁痛基本消失，仅在晚上偶觉疼痛，食欲正常，小便不黄，口干不苦，舌脉同前，上方虎杖改为 15 g，加香附 10 g。

2012 年 12 月 28 日四诊：病情好转，今日肝功能检查：A 42 g/L、G 32 g/L、ALT 52 U/L、AST 32 g/L。胁痛消失，无疲乏，无明显不适，舌脉同前，上方去苦参，再服 30 剂，巩固疗效。

2013 年 3 月 4 日随访：患者已停止服药 2 个月，复查肝功能正常，腹部彩超正常，HBV-DNA<1×10^3copies/mL。

按：本案患者有乙型肝炎病史 10 年，以往肝功能正常，未进行治疗，近 3 月来右胁隐痛、疲乏、饮食欠佳、口干苦、舌红，证属肝郁脾虚，湿热瘀滞，病位在肝脾。符合逍遥散的方证要求，故以逍遥散为主方，疏肝健脾养肝血，口干苦，尿黄，舌红，转氨酶升高，为肝经有湿热，故加虎杖、蒲公英、苦参、白花蛇舌草清肝经湿热，并且此四味药都有一定的抗菌、抗病毒、保肝、利胆、抗内毒素等作用。肝郁则血瘀，疼痛部位固定亦为血瘀，故用郁金、丹参、泽兰活血化瘀，且有利胆保肝作用。加太子参健脾益气，香附疏肝和胃。治疗3月余获得症状痊愈，肝功复常，HBV-DNA < 10^3copies/mL 的功效，未用核苷酸类或干扰素等抗病毒药，充分体现中医药治疗乙肝的优势。

2. 经前期紧张综合征

高某，女，30岁。2015年6月3日初诊。

主诉：周期性经前期头痛、乳胀1年。

患者近1年来，每于月经前10天左右开始头昏头痛，乳房胀痛，情绪不稳，烦躁易怒，全身疲乏，不能正常工作，尤以月经前1天各种症状加重，甚至卧床不起，有时面部及手部浮肿，纳差，口苦，二便正常，以上症状于月经来潮后即逐渐消失。曾服西药治疗，所用药物不详。

诊见：正值月经前3天左右，头昏痛，乳房疼痛不能穿内衣，面部轻度浮肿，舌质淡，苔白腻，脉弦细。

诊断：月经前后诸症。

辨证：肝郁脾虚，痰凝化火。

治法：疏肝健脾，解郁化火。

方剂：逍遥散加减。

药物：柴胡 10 g	当归 10 g	白芍 20 g	炒白术 10 g
茯苓 12 g	合欢皮 30 g	郁金 15 g	香附 15 g
党参 15 g	薏苡仁 20 g	泽泻 15 g	菊花 15 g
川芎 10 g	路路通 15 g	橘核 15 g	炙甘草 6 g

2015年6月27日二诊：服药后诸症均减轻，现为月经前10天，又出现烦躁易怒，疲乏，乳房胀，头昏，面部无浮肿，舌淡苔薄白，脉弦细，继续予以上方加减。

药物：柴胡 10 g	当归 10 g	白芍 20 g	炒白术 10 g
茯苓 12 g	合欢皮 30 g	郁金 15 g	香附 15 g
路路通 15 g	橘核 15 g	青皮 10 g	川芎 10 g
菊花 15 g	黄芪 30 g	党参 15 g	炙甘草 6 g

2015年11月4日患者因胃脘痞闷来院诊病，诉经前期病证已痊愈，已有3月余未发病。

按：本病的发生与妇女生理特点、经期气血的盈虚变化和体质禀赋等方面有关，以性格急躁或内向抑郁的妇女多发。肝为藏血之脏，体阴而用阳，女子由于有经孕产乳等，经常处于机体气血不足的状态，则肝失濡养，加之情志失调致肝气易于郁结。经前期冲任气血复盈，经血蓄于冲任，若肝失条达则经欲行而气不疏，脾失健运则水湿内聚，湿聚生痰，肝郁久化热，故而经前期诸症丛生。本案病位在肝脾，主要为肝郁脾虚血虚，治当疏肝健脾。用逍遥散为基础方，加郁金、香附、合欢皮疏肝解郁，缓解情绪的变化，橘核、路路通、青皮疏通乳络，党参、黄芪、白术、茯苓、薏苡仁、泽泻健脾以利水化痰。菊花、川芎以缓解肝郁化火所致头痛，本病目前西医尚无确切可靠的治疗方案，中医从肝论治有较好疗效。

3. 抑郁症

邓某，女，46岁。2014年9月18日初诊。

主诉：情绪低落、失眠2年余。

患者于2年多前因工作不顺利出现情绪低落，睡眠不实，在当地就医，诊断为"抑郁症"，服中西药治疗，病情无明显好转，遂来我院求治。

诊见：精神萎靡，行动较迟缓，有时悲伤欲哭，不能自制。自觉记忆力减退，思考能力下降，睡眠差，多梦易醒，每晚仅能睡2～3小时，纳食欠佳，疲乏，有时腰部肌肉抖动，月经量少，经期正常，无痛经，口不干渴，舌淡胖有齿痕，苔白腻，脉沉弱。

诊断：郁证。

辨证：肝郁脾虚，心神失养，脾肾阳虚。

治法：疏肝健脾，养心安神，温补脾肾。

方剂：逍遥散加减。

药物：柴胡 10 g　　当归 10 g　　白芍 20 g　　炒白术 10 g
　　　茯苓 10 g　　淮小麦 30 g　大枣 15 g　　黄芪 30 g
　　　香附 10 g　　郁金 15 g　　酸枣仁 18 g　淫羊藿 15 g
　　　菟丝子 15 g　巴戟天 15 g　炙甘草 6 g

并嘱咐家属配合，多加劝慰，多作思想开导工作。

2014年10月22日二诊：服药并经家属配合作思想工作后，病情好转，表现为精神转佳，腰部肌肉已无抖动，食欲增加，唯睡眠仍差，每晚要醒4～5次，实际睡眠不足4小时。舌脉同前，更改处方如下：

药物：柴胡10 g　　当归10 g　　白术20 g　　炒白术10 g
　　　茯苓10 g　　黄芪30 g　　香附10 g　　合欢皮30 g
　　　酸枣仁18 g　石菖蒲15 g　蜜远志6 g　　生龙骨30 g
　　　淫羊藿15 g　菟丝子15 g　巴戟天15 g　炙甘草6 g

2015年4月8日随访：患者经半年多次复诊，在以上治疗原则基础上随证加减药物，病情已愈并恢复工作。

按：抑郁症是心理和躯体同病，治病必须结合心理治疗才能获得良好效果。抑郁症的临床症状甚多，但以忧郁愁虑，情志低落为主要表现。《素问·灵兰秘典论》曰："肝者，将军之官，谋虑出焉"，说明五脏中，与思维情绪等精神活动联系最密切的是肝。肝失疏泄、气机郁滞、气机不能舒展，故出现情绪低落等症状。由于五脏相关，肝气横逆犯脾，而脾与肾相互资助，肾温养脏腑和气化水液需靠脾气化精的供养，脾虚久必导致肾虚。本案患者以情绪低落和睡眠不实为主症求治，病位在肝、脾、心、肾，病机可归纳为肝郁脾虚，心气虚，肾阳虚，治疗以逍遥散疏肝健脾，加香附、郁金疏肝解郁，黄芪补脾益气，酸枣仁、石菖蒲、蜜远志、生龙骨、甘麦大枣汤养心安神，淫羊藿、菟丝子、巴戟天温补肾阳。以强壮体质，调整脏腑阴阳气血和心理上劝导安慰相结合，使病情获得满意疗效。

4. 特发性水肿

陈某，女，55岁。2015年1月7日初诊。

主诉：反复面部浮肿3个月。

患者3个月以来，晨起经常面部浮肿，手足发胀，曾做心、肝、肾功能检查，无异常发现，多次血生化及尿液检验亦均正常，被诊断为"特发性水肿"。

诊见：面色晦暗，面部两颊及额部有指压性浮肿，手背亦肿，自诉浮肿与劳累及睡眠有关，常于失眠及劳累后加剧，平素性情偏急，心烦易怒，常伴头昏，目眩，耳鸣，胸闷，善叹息，纳食欠佳，稍多食即胃部胀闷，口干苦，舌边红，苔薄白，脉弦细。空腹血糖 6.4 mmol/L。尿常规正常。血压 118/72 mmHg（15.69/9.58 kPa）。

诊断：水肿。

辨证：肝郁脾虚，水液停聚。

治法：疏肝解郁，健脾利水。

方剂：逍遥散加减。

药物：柴胡 10 g　　当归 10 g　　白芍 15 g　　炒白术 10 g
　　　茯苓 15 g　　泽泻 15 g　　川芎 10 g　　香附 10 g
　　　郁金 15 g　　丹参 15 g　　益母草 30 g　车前子^(包煎) 15 g
　　　山茱萸 15 g　菟丝子 15 g　黄芪 30 g　　炙甘草 5 g

2015 年 1 月 21 日二诊：服药后病情好转，服第三剂后面部浮肿消失，此后未再出现浮肿，手足亦不发胀，仍觉疲乏，胸闷，头昏目眩，舌脉同前，嘱继服前方 10 剂以巩固疗效。

按： 特发性水肿的诊断必须先排除心、肝、肾等器质性疾病引起的水肿。本病属中医学"水肿"范畴，多见于中、老年妇女，其浮肿常与情绪、体位、月经、睡眠、劳累等密切相关。中医学认为女子以肝为先天，以血为本，中老年妇女，经过经、带、胎、产等生理活动，机体多不足于血，血不足则肝血亦虚，肝血不足则肝失所养，影响肝的疏泄功能。肝失疏泄则情绪易于失常，肝郁气滞，气滞则血瘀，血水同源，气行则水行，血瘀则水停。肝疏泄失常，日久必累及他脏。肺脾肾是水液代谢的重要脏器，肺失宣降而不能行水，脾失健运而不能制水，肾失开合而不能主水，均可导致水液代谢失常。故水肿从疏肝论治常可获得意想不到的效果。

本患者既有肝气不疏，情绪激动，又有面部浮肿，故用逍遥散加减以疏肝利水。方中柴胡、当归、白芍疏肝柔肝，香附、郁金疏肝解郁，川芎、丹参、益母草、车前子、泽泻活血利水渗湿，白术、茯苓、黄芪、炙甘草健脾益气以利水，山茱萸、菟丝子补肾助气化以行水。诸药合用，共奏疏肝解郁，健脾利水之功。治疗切中病机，故获良效。

（十二）二仙汤加减临床应用三例

1. 舌痛症

郭某，女，54 岁。2016 年 3 月 7 日初诊。

主诉：舌痛 6 个月。

患者于 6 个月前出现舌痛，进食烫、冷、酸、辣等食物均可产生疼痛，曾在五官、口腔等专科检查均未查出病变，疑诊为"舌炎"。既往有冠心病史，心脏安有起搏器已 3 年，现无心悸、心累。49 岁停经。

诊见：舌痛明显，进食及饮水均痛，以舌中心及两边为甚，无牙龈红肿，口腔黏膜正常，时有头昏耳鸣，腰背酸痛，无畏寒，时有面部烘热，口干，食欲正常，二便正常，舌偏瘦，微红，苔薄黄，脉沉细。血压正常。

诊断：舌痛。

辨证：肾阴阳失调，虚火上炎。

治法：温肾阳，补肾阴。

方剂：二仙汤加减。

药物：仙茅 10 g　　淫羊藿 15 g　　当归 10 g　　白芍 20 g
　　　黄柏 10 g　　知母 10 g　　　女贞子 15 g　枸杞子 15 g
　　　北沙参 15 g　麦冬 15 g　　　石斛 15 g　　炙甘草 6 g

2016 年 3 月 14 日二诊：服药后舌痛明显减轻，口干减轻，口内有舒适感，仍头昏、耳鸣、腰痛、烘热，舌脉同前，上方继服 7 剂。

2016 年 3 月 21 日三诊：舌痛已消失，头昏痛减轻，口不干，大便微溏，舌脉同前，方用二仙汤合四君子汤加减以巩固疗效。

药物：仙茅 10 g　　淫羊藿 15 g　　巴戟天 15 g　当归 10 g
　　　白芍 20 g　　黄柏 10 g　　　知母 10 g　　女贞子 15 g
　　　墨旱莲 15 g　太子参 15 g　　炒白术 10 g　茯苓 10 g
　　　石斛 15 g　　炙甘草 6 g

按：舌为脾之外候，足太阴脾经连舌本，散舌下，肾经夹舌本，肝经络于舌本，其他脏腑组织亦直接或间接与舌产生联系，故全身许多疾病，可以从舌上反映出来。本患者绝经已 5 年，以舌痛为主症，伴头昏耳鸣，腰痛、烘热等症状，无纳差、腹胀、胁痛等症，故病位在肾，属肾阴阳失调，口干，舌微红偏瘦，苔薄黄等，尤以肾阴虚为甚。故方用二仙汤温肾阳，滋肾阴，调冲任，加女贞子、枸杞子、墨旱莲加强滋阴之力，沙参、麦冬、石斛滋阴益胃生津。白芍配当归可加强养血作用，并且能柔肝缓急止痛。随着舌痛好转，阴液充足，大便变溏，又酌减养阴药，加用四君子汤顾护脾胃以善后。

2. 胃脘痛

焦某，女，51岁。2014年5月12日初诊。

主诉：胃脘痛1年余。

患者于1年余以来常感胃脘部胀满不适，伴嗳气，泛酸，曾作胃镜检查两次，均仅有胃黏膜轻度充血，但治疗效果欠佳。48岁时因车祸受惊，此后即停经。

诊见：胃脘部时有阵痛，胀满，嗳气频频，泛酸，易饥而食不下，易疲乏，下肢怕冷而手足心热，口干苦，二便正常。舌质淡，舌体偏胖，舌边有齿痕，苔薄白，脉沉弱。

诊断：胃脘痛。

辨证：肝胃不和。

治法：疏肝和胃。

方剂：柴芍六君子汤加味。

药物：柴胡 10 g　　白芍 20 g　　党参 15 g　　炒白术 12 g
　　　茯苓 12 g　　陈皮 10 g　　紫苏梗 12 g　　佛手 10 g
　　　黄连 9 g　　　木香 9 g　　　砂仁(后下) 6 g　法半夏 10 g
　　　炙甘草 6 g

2014年5月19日二诊：服药后病情无明显好转，除腹胀稍减外，仍有上腹部隐痛，泛酸，纳差，口干苦等。追问病史，患者补述除胃部症状外，时有倦怠乏力，腰背酸痛，白带较多，色白清稀，夜尿多，结合已停经3年余，下肢冷，手足心热，舌淡胖脉弱等，考虑患者具有肾阳亏虚的表现，改用柴芍四君子汤合二仙汤加减。

药物：柴胡 10 g　　白芍 20 g　　党参 15 g　　炒白术 12 g
　　　茯苓 12 g　　陈皮 10 g　　苏梗 12 g　　佛手 10 g
　　　黄柏 10 g　　知母 10 g　　当归 10 g　　淫羊藿 15 g
　　　巴戟天 15 g　仙茅 10 g　　炙甘草 5 g

2014 年 5 月 28 日三诊：服药后腹胀痛明显好转，嗳气减少，无泛酸，食欲增加，疲乏减轻，仍感下肢冷，手足心发热，夜尿多，舌脉同前，病情已有转机，上方继服 10 剂。

2014 年 9 月 10 日随访：患者因咳嗽来院诊治，随访得知近 3 个多月来，无胃痛发作，精神、食欲良好，仍间断服柴芍四君子汤合二仙汤加减，服后全身及胃脘部均感舒适。

按：本患者停经已 3 年，说明肾气已虚，又有下肢畏冷，腰酸痛，白带清稀，夜尿多，舌淡胖脉沉弱等，表明以肾阳虚为主，又有口干苦，手足心热等，属虚火上炎。由于五脏密切相关，肾阴肾阳为五脏之本，肾之精气阴阳与五脏的精气阴阳之间存在着互相资助和相互为用的关系。本案患者是因肾虚而致肝脾胃功能失调。初诊时由于胃脘部症状较重，忽略了肾的功能，药用柴芍六君子汤疏肝健脾和胃，加紫苏梗、佛手调畅脾胃气机，黄连清胃热，砂仁、木香理气开胃止痛，治疗效果欠佳，后即改用疏肝和胃和调补肾阳肾阴同治，用仙茅、淫羊藿、巴戟天温壮肾阳，知母、黄柏清虚热以坚肾阴，随即产生了明显的效果。辨证准确，治病求本，是获效的关键。

3. 腔隙性脑梗死

刘某，女，78 岁。2013 年 10 月 16 日初诊。

主诉：眩晕 6 月余。

患者于 6 个月以来，常感头昏目眩，耳鸣，脑部 CT 诊断为腔隙性脑梗死，要求服中药治疗。既往无高血压病史，无糖尿病病史。

诊见：精神焦虑，体型偏瘦，神清合作，语言清晰，肢体活动正常。视物昏花，有时感觉自身或外界事物旋转，头微痛，无恶心呕吐，伴心烦，少寐，多梦，口苦，眼干，纳食尚可，二便正常，舌淡红，苔薄黄，脉沉细。血压 126/68 mmHg（16.76/9.04 kPa）。空腹血糖 6.77 mmol/L。

诊断：眩晕。

辨证：肾精不足证。

治法：滋养肝肾，填精补髓。

方剂：二仙汤加减。

药物：
生地黄 20 g	山茱萸 15 g	知母 10 g	黄柏 10 g
当归 10 g	赤芍 15 g	丹参 15 g	淫羊藿 15 g
巴戟天 12 g	女贞子 15 g	枸杞子 15 g	菊花 15 g
天麻 10 g	怀牛膝 15 g	炙甘草 5 g	

2013年10月23日二诊：服药后头眩减轻，视物已无旋转感，仍口干、心烦，睡眠差，梦多，上方去菊花、怀牛膝，加首乌藤30 g、生牡蛎30 g。

以后患者常来门诊复诊，治疗原则不变，随症加减药物，气短乏力加黄芪、太子参，纳差加炒麦芽、山楂，腰痛加杜仲、桑寄生，眠差加酸枣仁、柏子仁等，现体质好转，无头昏目眩，睡眠改善，精神食欲转佳。

按：眩晕的病机有虚实两端，以虚证或虚中夹实者居多。虚证多由气血亏虚或肾精不足，髓海空虚所致，实证多由痰瘀阻滞，经脉痹塞而形成。本患者年届耄耋，肾气已亏，眩晕已半年，久病必虚，久必及肾。心烦、口干、眠差，舌红，苔薄黄，脉沉细，为阴津亏虚，虚火上炎之症。久病必瘀，且CT检查有腔梗，应属兼有瘀血。故患者属肾精亏虚，以阴虚为主，兼有血瘀，治疗应填精补髓，滋养阴液，兼清虚火、祛瘀血，又根据"善补阴者，必于阳中求阴"的古训，酌加温阳药以鼓舞肾气，方选二仙汤加减，方中生地黄、山茱萸补肾精，枸杞子、女贞子补肾阴，知母、黄柏清虚火，丹参、赤芍、当归活血化瘀，怀牛膝活血化瘀、补肝肾，菊花、天麻息风定眩，淫羊藿、巴戟天补肾阳以助阴。后又因睡眠欠佳，加用首乌藤、生牡蛎、酸枣仁、柏子仁等，获得较好的治疗效果。本案的治疗特点是在补阴中用了助阳药，使"阴得阳助，则生化无穷"。

（十三）引火归元法验案

1. 痤　疮

赵某，女，27岁。2015年5月6日初诊。

主诉：面部痤疮反复发作3年余。

患者于3年前因学习压力大，面部出现痤疮，彼伏此起，逐日加重，曾用中西药物内服外搽，治疗效果欠佳，始终不能痊愈。

诊见：面部散在丘疹，大小不一，点状或粟粒状，以鼻翼两旁及下颌部尤甚，疹色红或淡红，夹有少量结节和脓疱，有压痛，不痒，伴有咽干，口干、苦，心烦，眠差，食纳正常，夜尿多，大便干燥，月经量少，舌质红，苔薄黄，脉弦细。未婚，既往无特殊病史。

诊断：粉刺。

辨证：阴虚内热，虚火上炎，兼夹热毒痰瘀。

治法：滋阴清热兼解毒祛瘀化痰。

方剂：知柏地黄丸合五味消毒饮加减。

药物：知母10 g　　黄柏10 g　　生地黄20 g　　山茱萸15 g
　　　女贞子15 g　　墨旱莲15 g　　菊花15 g　　银花15 g
　　　蒲公英15 g　　丹皮10 g　　赤芍15 g　　紫花地丁15 g
　　　丹参15 g　　皂角刺10 g　　陈皮10 g

2015年5月13日二诊：服药后面部病变明显减轻，疹色变浅，脓疱缩小，但仍有少许新的丘疹出现，口苦，咽干，舌脉同前。上方生地黄改为30 g，加肉桂3 g（后下）。

2015年5月27日三诊：病情继续好转，面部比前明显光洁，唇边及下颌偶有新疹出现，口干好转，大便正常，舌脉同前。上方加怀牛膝15 g。

2015年6月3日四诊：病情好转，面部皮疹已消失，有少数色素遗留，除饮食不注意时偶发皮疹外，数日即消退，嘱常服知柏地黄丸以巩固疗效。

按：现代医学认为痤疮的发病可能与体内雄激素分泌量增多有关，增多的雄激素可使皮脂腺肥大，皮脂分泌增多，淤积于毛囊内，形成脂栓，在无氧环境下原存于毛囊内的粉刺棒状杆菌等大量增生繁殖引起炎症，毛囊壁损伤和破裂，形成痤疮。中医学对此病认识较早，称为"粉刺""肺风粉刺""面疮"，病机多由于素体阳热偏盛，血热外壅，气血郁滞而发病，或嗜食辛辣肥甘，使肺胃积热循经上熏，血随热行，上壅胸面，故红色粟粒发于颜面胸背等处。病情日久，导致痰结血瘀则现结节、囊肿等。故本病阴虚内热为本，肺胃湿热、痰瘀壅积为标，治疗应标本兼顾，一方面滋阴降火，另一方面根据辨证清热解毒，活血化瘀，祛痰散结。

本案病程已 3 年，咽干、口干苦，心烦，眠差，舌质红，苔薄黄，证属阴虚内热，虚火上炎，面部丘疹，色红，微痛，夹有脓疱为热毒壅盛，丘疹、结节为痰瘀互结，治宜滋阴降火，解热毒散痰瘀，方用知柏地黄丸去茯苓、泽泻以补肾滋阴降火，女贞子、墨旱莲平补肝肾而不滋腻，菊花、银花、蒲公英、紫花地丁清热解毒，丹皮、赤芍、丹参活血化瘀，皂角刺祛痰软坚散结。方证符合，疗效较好，皮疹明显好转，但仍有新疹出现，且口干、咽干未愈，考虑降火作用仍兼不足，故复诊时加用肉桂 3 g，引火归元，后又加牛膝酸苦降逆补肝肾，并引热下行，此后常服知柏地黄丸以巩固疗效。

2. 口　苦

张某某，男，62 岁。2015 年 8 月 5 日初诊。

主诉：口苦 5 月。

患者 5 月前无明显诱因出现口苦，并逐日加重，进食不论甜酸咸辣均觉味苦，伴口臭，常因此而不愿多与人交往。曾做口腔检查无异常发现，胃镜检查有轻度慢性浅表性胃炎，血生化肝肾功能正常，血糖正常，血压 122/74 mmHg（16.23/9.84 kPa），腹部彩超示肝胆脾胰无异常。服中西药治疗无效。

诊见：终日口苦、口臭，自觉咽部有异味上冲，伴目赤耳鸣、心烦，口不干渴，饮食欠佳，夜尿多，大便时干时稀，舌质淡红，苔黄腻，脉弦。20 年前曾患坏死性胰腺炎，经治愈。

诊断：口苦。

辨证：肝胆湿热，肝火上扰。

治法：疏肝利胆，清热泻火。

方剂：龙胆泻肝汤加减。

药物：龙胆草 10 g　　　炒栀子 10 g　　　黄芩 10 g　　　柴胡 10 g

生地黄 15 g	车前子 15 g	泽泻 15 g	白芍 15 g
当归 10 g	通草 6 g	藿香 15 g	佩兰 15 g
炒麦芽 15 g	炙甘草 5 g		

2015年8月12日二诊：服药后症状无好转，反觉精神疲惫，大便溏，乃细察病情，发现患者口苦口臭而口不干，不思饮水，喜热饮，以往大便即不成形，稍有饮食不慎即腹隐痛，腰膝以下常有冷感，舌苔黄腻，但舌体偏胖有齿痕，脉弦但重按指下欠有力，且两尺脉沉弱，修正诊断为"肾虚，虚阳上越"，处方用二仙汤合六味地黄丸加减。

药物：
知母 10 g	黄柏 10 g	仙茅 10 g	淫羊藿 15 g
巴戟天 15 g	熟地 15 g	山药 15 g	山茱萸 15 g
丹皮 10 g	茯苓 10 g	泽泻 10 g	怀牛膝 15 g
干姜 9 g	炒麦芽 15 g		

2015年8月19日三诊：服药后，口苦明显减轻，目赤耳鸣亦有改善，精神好转，饮食增加，大便成形，舌脉同前，药已有效，原方继进。

按：口苦是常见症状，该患者经多种检查未发现具体疾病，但痛苦异常，中医依靠辨证施治，解决患者痛苦，这是中医的优势。中医学五行事物归类，苦味属火，《素问·至真要大论》曰："诸逆冲上，皆属于火"。患者口苦、口臭，并有目赤耳鸣，咽中有异味上冲等，故病性属热是可以肯定的。火有虚火、实火之分，初诊时由于只注意了舌苔黄腻，忽略了舌体偏胖有齿痕，脉象弦，且未注意两尺沉弱，虽弦而重按脉力不足，又因目和耳是肝经所属部位，误诊为肝胆湿热，肝火上炎，故服龙胆泻肝汤加减无效。后经详细辨析，发现除舌脉的改变外，患者口苦而不思饮，喜热饮，大便时溏，腰膝以下有冷感，年已过花甲，病史已5个月，修正诊断为肾虚，虚火上炎，处方用二仙汤合六味地黄丸加味而起效。二仙汤中仙茅、淫羊藿、巴戟天温壮肾阳，知母、黄柏泻虚火而坚阴，因便溏而去当归，合六味地黄丸滋阴补肾，以阴配阳，助虚火下归肾水，加牛膝补肝肾壮腰膝，引热下行，配干姜治脾胃虚寒，并加强温阳作用。诸药合用使阳气得复，虚火下潜，故口苦明显好转。

（十四）孙同郊教授经验方及临床应用

1. 茵陈解毒汤

组成：茵陈 15～30 g　　栀子 10 g　　　连翘 15 g　　　赤芍 15 g
　　　丹参 15 g　　　　白术 10 g　　　茯苓 10 g　　　薏苡仁 15 g
　　　滑石 15 g　　　　通草 6 g　　　　蒲公英 15～30 g　虎杖 15 g
　　　白花蛇舌草 15 g　甘草 3 g

功用：清热解毒除湿。

方解：茵陈、薏苡仁、滑石、通草清热除湿，栀子、连翘、蒲公英、虎杖、白花蛇舌草清热解毒，赤芍、丹参凉血活血，白术、茯苓顾护脾胃，甘草调和诸药。

主治：慢性病毒性肝炎湿热中阻证。证见身、目黄染，脘痞腹胀，口苦，纳差，恶心，厌油，大便溏垢或秘结，小便黄，舌红，苔白腻或黄腻，脉弦或弦滑。

【临床应用及加减化裁】湿热疫毒是病毒性肝炎发病的主要原因，以急性期为突出。在慢性肝炎活动期，即或已有肝脾肾亏损阶段，往往仍有湿热疫毒残留，毒邪不祛，疾病难愈，故清热解毒除湿法在本病应用甚广，甚至贯穿始终。清热毒与除湿药常同时使用，根据病情不同，重点可有所不同。除湿药为必用，因湿性黏腻，缠绵难除，湿去热孤，热邪也随之易解。又因本病湿热常深入血分，可产生血热，故还应区分湿热及血热，血热者又应重用凉血活血药。

加减化裁：湿甚加藿香、佩兰、石菖蒲、车前子；热甚加败酱草、紫花地丁、银花、菊花；血热甚加丹皮、生地黄；清湿热药易伤脾胃，保护好脾胃是治疗的关键，故除用白术、茯苓外，必要时酌加山药、太子参、黄芪、建曲、麦芽；清湿热药易伤肾阳，必要时酌加菟丝子、巴戟天、淫羊藿；清湿热药易伤肝阴，必要时酌加沙参、麦冬、百合、女贞子。

【验案举要】

案 1. 卢某某，男，39 岁，于 2008 年 10 月 16 日初诊。

主诉：乙肝"两对半"异常 4 年，右胁不适 1 周。

患者于4年前查体时发现感染乙肝病毒，乙型肝炎五项检查，"两对半"检查结果为"大三阳"，多次肝功检测正常，没有定期检查。1周前因劳累、饮酒后出现右上腹部不适，以胀满感为主，偶觉隐痛，同时伴有乏力，头昏，食纳差，厌油，小便黄，大便正常。在当地以胃病治疗，未得缓解。

诊见：右上腹胀痛不适，乏力疲倦，食纳差。舌质红，舌苔白腻，脉弦。肝功检查示：AST 402 U/L，ALT 809 U/L，GLB 31.7 g/L，TBIL 44.8 μmol/L，DBIL 22.9 μmol/L，其余指标正常。

诊断：胁痛（慢性乙型病毒性肝炎）。

辨证：湿热中阻。

治法：清热解毒除湿。

方剂：茵陈解毒汤加减。

药物：	茵陈 15 g	炒白术 10 g	茯苓 10 g	薏苡仁 15 g
	滑石 15 g	车前子 15 g	赤芍 15 g	丹参 15 g
	丹皮 15 g	白茅根 15 g	金钱草 15 g	蒲公英 30 g
	败酱草 15 g	白花蛇舌草 15 g	神曲 15 g	佛手 10 g
	甘草 3 g			

共7剂，水煎服，每日一剂。

2008年10月30日二诊：服上药7剂后觉右胁不适缓解，仅偶有轻微不适感，精神状况明显好转，乏力、头昏症状消失，食纳基本恢复正常，大便正常，小便稍黄。舌质红，舌苔白腻，脉弦。上方去神曲、佛手加虎杖 15 g以增强清热除湿之力。共10剂，水煎服，每日一剂。

2008年11月13日三诊：偶感右胁不适，食纳可，眠可，二便正常，今复查肝功示：GLB 30.10 g/L，AST 135 U/L，ALT 324 U/L，TBIL 31.0 μmol/L，DBIL 15.9 μmol/L。为巩固疗效，上方继服14剂。

2008年12月8日四诊：患者自觉食量稍减，余无不适症状，复查肝功示：GLB 33.5 g/L，ALT 57 U/L，余项指标均正常。清热除湿药易伤脾胃，故当注意顾护脾胃，加用山药 15 g、神曲 10 g、炒麦芽 15 g健运脾胃。共7剂，水煎服，每日一剂。

案 2. 方某，女，20 岁，于 2004 年 7 月 3 日初诊。

主诉："两对半"异常 3 年，右胁不适 1 周求治。

患者于 3 年前体检时发现"两对半"异常，肝功正常，未予治疗。1 周前无明显诱因感右胁隐隐不适，伴纳差，厌油，乏力。

诊见：右胁隐痛不适，伴纳差，乏力，口干，口苦。舌质红，苔黄腻，脉滑。心率：64 次/分，心律齐，血压：90/58 mmHg（11.97/7.71 kPa）。肝功示：ALT 105 U/L，AST 56 U/L，其余指标均正常。本病属祖国医学"胁痛"范畴。病因为感受"疫毒（乙肝病毒）"。疫毒乃湿热之性，疫毒内侵，阻滞肝胆，肝失疏泄，气机不畅，不通则痛，故有右胁隐痛不适，口干、口苦、乏力，舌红苔黄腻，脉滑为肝胆湿热之征。

诊断：胁痛（慢性乙型病毒性肝炎）。

辨证：肝胆湿热。

治法：清热解毒除湿。

方剂：茵陈解毒汤加减。

药物：茵陈 15 g　　连翘 15 g　　白术 10 g　　茯苓 10 g
　　　郁金 15 g　　赤芍 15 g　　丹参 15 g　　夏枯草 15 g
　　　蒲公英 15 g　白花蛇舌草 15 g　白茅根 15 g　金钱草 15 g
　　　甘草 3 g

共 7 剂，水煎服，每日一剂。

嘱清淡饮食，忌饮酒，注意休息，坚持治疗。

2004 年 7 月 10 日二诊：服药后乏力、口干、口苦症状改善，偶感右胁不适。舌质红，苔薄黄，脉象弦滑。效不更方，但因茵陈解毒汤功能清热解毒除湿，二诊去夏枯草，防苦寒太过损及肝阴。共 7 剂。

2004 年 7 月 17 三诊：服上方 7 剂后，无乏力、口干、口苦、胁痛等症，纳寐可，二便调。舌质红，苔黄，脉弦滑。复查肝功 ALT 50 U/L，AST 48 U/L，其余指标均正常。除湿务尽，续守法守方。共 7 剂。嘱清淡饮食，忌饮酒，注意休息，定期复查肝功、B 超等（每 3 月一次）。

案 3. 舒某，女，29 岁，于 2009 年 7 月 9 日初诊。

主诉：厌油半月余。

患者于半月余前无明显诱因感厌油，在当地医院查肝功示：ALT 123.9 U/L，AST 92.9 U/L，其余指标正常。"两对半"示：HBsAg 阳性，抗-HBe 阳性，抗-HBc 阳性。乙肝病毒 DNA（HBV-DNA）3.32E + 05 IU/mL。

诊见：厌油，余无不适，纳寐尚可，二便自调。神志清楚，精神欠佳，皮肤及巩膜无黄染。舌质红，苔薄黄，脉沉。

诊断：肝着（慢性乙型病毒性肝炎）。

辨证：湿热中阻证。

治法：清热解毒除湿。

方剂：茵陈解毒汤加减。

药物：茵陈 15 g　　　白术 10 g　　　茯苓 10 g　　　薏苡仁 15 g
　　　白茅根 15 g　　车前子 15 g　　石菖蒲 15 g　　赤芍 15 g
　　　丹参 15 g　　　郁金 15 g　　　蒲公英 15 g　　虎杖 15 g
　　　连翘 15 g　　　白花蛇舌草 15 g　佛手 10 g　　甘草 3 g

共 10 剂，水煎服，每日一剂。

2009 年 7 月 20 日二诊：上方共进 10 剂后，厌油好转，无其他不适。精神好转，皮肤及巩膜无黄染。舌质红，舌苔薄黄，脉沉。湿热渐除，上方去石菖蒲、连翘，加炒麦芽 15 g、神曲 15 g 以顾护脾胃。共 14 剂。

2009 年 8 月 3 日三诊：上方共进 10 剂后，厌油明显改善，余无不适。舌质红，舌苔薄黄，脉沉。复查肝功能提示：ALT 38 U/L，AST 36 U/L，TBIL 18.3 μmol/L，DBIL 3.9 μmol/L。B 超示：肝实质回声改变。肝体阴用阳，"见肝之病，知肝传脾"，故本诊方选加味逍遥散，疏肝养血健脾，体用并治。

处方：柴胡 10 g　　　白芍 15 g　　　白术 10 g　　　丹参 15 g
　　　云苓 10 g　　　赤芍 15 g　　　郁金 15 g　　　当归 10 g
　　　白茅根 15 g　　车前子 15 g　　蒲公英 15 g　　白花蛇舌草 15 g
　　　虎杖 15 g　　　甘草 3 g

共 10 剂。

案 4. 张某，男，27 岁。2009 年 5 月 4 日初诊。

主诉：易疲倦 2 月。

患者有乙肝病史 5 年，近 2 月来易感疲倦，精神差。

诊见：易疲倦，午后尤甚，纳寐尚可，二便自调。神志清楚，精神差，皮肤及巩膜无黄染。舌尖红，舌苔白。脉象弦细。2009年5月2日肝功能检查示：ALT 213.6 U/L，AST 103 U/L，其余指标正常。乙肝病毒属祖国医学"疫毒"范畴，为湿热之性。湿热阻滞，致肝失疏泄，伤及脾胃，脾失健运，脾气亏虚，气血生化不足，则感易疲倦；舌尖红，苔白，脉弦细，亦为湿热阻滞，病久及气，正气不足的表现。

诊断：肝着（慢性乙型病毒性肝炎）。

辨证：湿热阻滞证。

治法：清热解毒除湿。

方剂：茵陈解毒汤加减。

药物：茵陈 15 g　　　白术 10 g　　　茯苓 10 g　　　白茅根 15 g
　　　薏苡仁 15 g　　丹参 15 g　　　赤芍 15 g　　　车前子 15 g
　　　滑石 15 g　　　蒲公英 15 g　　败酱草 15 g　　黄芪 15 g
　　　白花蛇舌草 15 g　甘草 3 g

共14剂。

2009年5月18日二诊：服上14剂后，自觉精神较前好转，纳寐可，二便自调。舌质红，舌苔黄，脉象弦。5月17日肝功能检查示：ALT 298 IU/L，AST 124 IU/L，其余指标正常。HBV-DNA定量：6.65×10^4 copies/mL。本诊症状好转，但理化检查无改善，治疗以攻为主，在上方基础上，去滑石、黄芪，加虎杖 15 g、连翘 15 g、郁金 15 g，并加炒麦芽 15 g 以健运脾胃。共14剂。

2009年6月8日三诊：服上方14剂，精神尚可，午后略感疲倦，偶感眼眶酸胀，小便微黄。舌质淡，舌苔薄黄。脉象沉细。今日肝功示：ALT 175 U/L，AST 61 U/L，其余指标正常。治疗守清热解毒除湿之法，辅以健脾益气，上方去虎杖、炒麦芽，加黄芪 15 g、黄精 15 g。共20剂。

2009年6月29日四诊：服上方20剂，午后未再感疲倦，眼眶酸胀症状改善，二便正常。舌质黯红，舌体偏大。舌苔薄黄，脉象沉细。今日复查肝功示：ALT 32 IU/L，AST 30 IU/L，其余指标均正常。效不更方，再予7剂水煎服，每日一剂。嘱忌饮酒，注意休息，定期复查。

【注意事项】

（1）本方之主旨是清热解毒除湿，但苦寒药易伤脾胃，应适时加用健脾之品；苦寒药易损肝阴，勿忘顾护阴分。

（2）在病情明显好转时，应嘱咐病人坚持治疗，以巩固疗效。可适当减量或间日一剂。

（3）慢性乙肝胁痛、乏力等症易复发，肝功易反复损害，必须注意平时调养。做到戒烟酒、畅情志、勿劳累、少辛辣、定期复查以获七分调养之效。

2. 益气活血汤

组成：黄芪 15～30 g　　白术 10 g　　茯苓 10 g　　薏苡仁 15 g
　　　山药 15 g　　　　赤芍 15 g　　丹参 15 g　　当归 10 g
　　　郁金 15 g　　　　泽兰 15 g　　桃仁 10 g　　鳖甲 15 g
　　　甘草 3 g

功用：益气活血，软坚散结。

方解：方中重用黄芪补脾益气为主药，气旺以促血行，配白术、茯苓、薏苡仁、山药健脾助黄芪以益气，且可培土以护肝木，丹参、赤芍、当归养血活血，郁金行血中之气，泽兰、桃仁活血祛瘀，鳖甲咸寒入肝脾，软坚散结，均为辅药，甘草调和诸药。

主治：慢性肝炎、肝纤维化、肝硬化。临床表现：神疲乏力，脘闷，纳差便溏，舌质淡或有瘀点，苔薄腻，脉沉弱，属气虚血瘀证者。

【临床应用及加减化裁】

肝藏血、主疏泄、喜条达，肝的功能与气血运行密切相关，湿热入侵，阻遏气机，肝气郁结，病久入络，导致肝血瘀阻；肝病传脾，可致肝郁脾虚，脾主运化，为气血生化之源，脾虚失运，气滞血瘀，可促使胁下包块形成；故气虚血瘀是慢性肝病常见的证候，治宜益气活血，软坚散结。腹泻加葛根、白扁豆，肝区隐痛或不适加柴胡、白芍、香附、佛手，湿热余邪未尽伴有口干、口苦、苔黄腻酌加茵陈、虎杖、蒲公英、黄芩、白花蛇舌草，瘀血症明显肝脾肿大加土鳖虫、穿山甲、王不留行，气虚及阳脾肾阳虚，出现面部黧黑畏寒肢冷者加巴戟天、肉苁蓉，气虚及气阴两虚，伴口干潮热者加太子参、麦冬、黄精、北沙参女贞子、枸杞子等。

【验案举要】

案 1. 吴某某，男，35 岁，于 2009 年 6 月 4 日初诊。

主诉：反复右胁隐痛 2 月余。

患者于就诊前 10 年体检时发现乙肝"两对半"异常，为"小三阳"，肝功正常，无自觉症状，未治疗。就诊前 2 月，无明显诱因，患者感右胁隐痛，伴乏力、纳差，无黄疸、发热等症状，自服"护肝片"，症状缓解，但每因劳累等，胁痛症状反复发作。

诊见：右胁隐痛，伴乏力、纳差，寐尚可，小便自调，大便稀溏。舌质红，舌苔薄白，脉象沉细。今日肝功能提示：ALT 88 U/L，其余指标正常。B超检查示：1. 肝脏回声增粗。2. 肝内血管瘤。3. 脾大。血常规检查示：WBC 3.1×10^9/L，其余指标正常。

诊断：胁痛（慢性乙型病毒性肝炎）。

辨证：气虚血瘀。

治法：益气活血，清热解毒。

方剂：益气活血汤加减。

药物：黄芪 15 g	太子参 15 g	茯苓 10 g	薏苡仁 15 g
山药 15 g	赤芍 15 g	丹参 15 g	郁金 15 g
白花蛇舌草 15 g	泽兰 15 g	鳖甲^(打碎) 15 g	陈皮 10 g
蒲公英 15 g	白茅根 15 g	佛手 10 g	甘草 3 g

共 7 剂。水煎服，每日一剂，分三次温服。

2009 年 6 月 11 日二诊：服上方 7 剂后右胁隐痛好转，睡眠可，大便正常，刷牙时牙龈出血。舌脉同前。效不更方，加生地、川芎、茜草、仙鹤草增强凉血活血、止血之功。

| 药物：黄芪 15 g | 太子参 15 g | 白术 10 g | 云苓 10 g |
| 生地 15 g | 川芎 10 g | 泽兰 15 g | 赤芍 15 g |

丹参 15 g　　　柴胡 10 g　　　当归 10 g　　　白芍 15 g
茜草 15 g　　　仙鹤草 15 g　　白花蛇舌草 15 g　甘草 3 g
共 7 剂。

2009 年 6 月 18 日三诊：右胁隐痛明显改善，无牙龈出血，偶有大便稀溏，纳寐可，舌质偏红，舌苔薄白，脉沉细。

药物：黄芪 15 g　　　白术 10 g　　　茯苓 10 g　　　薏苡仁 15 g
赤芍 15 g　　　丹参 15 g　　　郁金 15 g　　　泽兰 15 g
鳖甲^(打碎) 15 g　女贞子 15 g　　蒲公英 15 g　　败酱草 15 g
白花蛇舌草 15 g　旱莲草 15 g　　甘草 3 g
共 14 剂。

2009 年 7 月 2 日四诊：右胁疼痛基本消失，劳累后偶有不适，纳寐可，二便自调，舌质偏红，舌苔薄白，脉沉细。复查肝功示：ALT 52 U/L，其余指标正常。续守上方，巩固疗效。共 14 剂，每日一剂，水煎服。

案 2. 袁某某，女，56 岁。2005 年 4 月 10 日初诊。

主诉：右胁胀满、乏力 1 月余。

患者有乙肝感染史 10 余年，以往肝功能一直正常。3 年前年因右胁痛诊断为"胆囊息肉伴感染"，在泸州医学院附属医院行胆囊切除术，术中发现肝脏边缘不规则，质地变硬，诊断为"早期肝硬化"。术后一般情况尚好，无胁痛，饮食正常，唯肝功能时有轻度异常。

诊见：精神尚可，右胁时觉胀满，食纳正常，有嗳气无反酸，乏力，肢软，口干苦喜饮，小便正常，大便溏 2 次/日，舌淡，苔薄白，脉沉弦细。今日肝功能检查 ALT 58 U/L，AST 68 U/L，TBIL 36.5 μmol/L。腹部 B 超示：肝内光点粗大密集，血管纹理欠清晰，门脉内径 1.2 cm，脾厚 4.2 cm。

诊断：积聚（肝纤维化）。

辨证：气虚血瘀，肝胃不和。

治法：益气活血，疏肝和胃。

方剂：益气活血汤加减。

药物：黄芪 20 g　　　炒白术 10 g　　茯苓 10 g　　　山药 15 g

赤芍 15 g　　　丹参 15 g　　　郁金 15 g　　　佛手 10 g
旋覆花 15 g　　泽兰 15 g　　　鳖甲 15 g　　　女贞子 15 g
枸杞子 15 g　　白花蛇舌草 15 g　金钱草 15 g　　甘草 3 g

共 10 剂。水煎服，每日 1 剂。

2005 年 4 月 24 日二诊：胁胀明显好转，嗳气减少，仍乏力，大便基本正常，稍食油腻则便溏，舌脉同前。上方去旋覆花，加黄精 15 g。每日 1 剂，连服 2 周。

2005 年 5 月 6 日三诊：病情继续好转，易疲乏，食纳正常，二便正常，舌脉同前。今日查肝功 ALT 46 U/l，AST 40 U/l，TBIL 28.8 μmol/L。治疗方案同前，并结合患者症状随证加减，嘱每周服药 5 剂。

2005 年 8 月 11 日四诊：患者精神较好，纳寐正常，二便自调。今日复查肝功：ALT 24 U/L，AST 33 U/L，TBIL 25.6 μmol/L。腹部 B 超：肝脏体积大小正常，形态规则，肝实质回声稍增强，血管纹理清晰，门脉内径 1.2 cm，脾、胰、双肾未见异常。舌脉同前。

药物：黄芪 20 g　　黄精 15 g　　　白术 10 g　　　茯苓 10 g
　　　山药 15 g　　女贞子 15 g　　赤芍 15 g　　　丹参 15 g
　　　郁金 15 g　　泽兰 15 g　　　鳖甲 15 g　　　白花蛇舌草 15 g
　　　甘草 3 g

每周服 3 剂。嘱注意休息，饮食宜清淡。定期复查。

案 3. 万某，男，38 岁。2009 年 4 月 16 日初诊。

主诉：乏力半月余。

诊见：神疲乏力，纳差，寐尚可，二便自调。神志清楚，声音清晰，精神差。舌质淡黯，舌苔白腻，脉象沉细。患者无乙肝病史，有 10 余年饮酒史。B 超检查示：肝硬化，脾大。肝功能检查示：ALT 102.9 U/L，AST 117 U/L，TBIL 35.9 μmol/L，DBIL 19.8 μmol/L，其余指标正常。

诊断：积聚（酒精性肝硬化）。

辨证：气虚血瘀。

治法：益气活血，软坚散结。

方剂：益气活血加减。

药物：黄芪 30 g　　太子参 15 g　　白术 10 g　　茯苓 10 g
薏苡仁 15 g　　白茅根 15 g　　车前子 15 g　　赤芍 15 g
丹参 15 g　　泽兰 15 g　　鳖甲^(打碎) 15 g　　蒲公英 15 g
枳椇子 15 g　　虎杖 15 g　　白花蛇舌草 15 g　　甘草 3 g
共 20 剂。水煎服，每日 1 剂。嘱戒酒，注意休息。

2009 年 5 月日二诊：服上方 20 剂后，乏力症状稍改善，纳食增加，口干，小便黄，大便正常。神志清楚，声音清晰，精神较前好转。舌质淡黯，舌苔白，脉象沉细。患者感口干，为气虚及阴，气阴两虚之象。

药物：黄芪 15 g　　白术 10 g　　茯苓 10 g　　薏苡仁 15 g
女贞子 15 g　　枸杞子 15 g　　白茅根 15 g　　车前子 15 g
赤芍 15 g　　丹参 15 g　　蒲公英 15 g　　败酱草 15 g
白花蛇舌草 15 g　　金钱草 15 g　　泽兰 15 g　　甘草 3 g
共 10 剂。水煎服，每日 1 剂。

2009 年 5 月 18 日三诊：服上方 10 剂后，乏力症状进一步改善，但感食后腹胀，纳寐可，二便自调。舌质黯红，舌苔薄黄，脉象沉细。

药物：黄芪 15 g　　白术 10 g　　茯苓 10 g　　薏苡仁 15 g
郁金 15 g　　赤芍 15 g　　丹参 15 g　　白茅根 15 g
佛手 10 g　　败酱草 15 g　　金钱草 15 g　　蒲公英 15 g
车前子 15 g　　虎杖 15 g　　白花蛇舌草 15 g　　甘草 3 g
共 10 剂。水煎服，每日 1 剂。

2009 年 5 月 25 日四诊：乏力症状基本消失，唯劳累后略感疲乏，食后无腹胀，舌质淡，苔黄，脉弦细转为缓和。今日复查肝功示：AST 28 U/L，其余指标正常。气血得复，血瘀得活，病情转机良好，效不更方，续以益气活血加减。

药物：黄芪 15 g　　白术 10 g　　茯苓 10 g　　薏苡仁 15 g
白茅根 15 g　　赤芍 15 g　　丹参 15 g　　车前子 15 g
泽兰 15 g　　鳖甲^(打碎) 15 g　　土茯苓 15 g　　蒲公英 15 g

白花蛇舌草 15 g　　佛手 10 g　　　　甘草 3 g

共 10 剂。水煎服。

【注意事项】

（1）本方主要为"气虚血瘀证"证而设，临床上非"气虚血瘀证"者则非本方所宜。临床应用本方时，患者应注意戒烟酒、畅情志、勿劳累、限肥甘、少辛辣、适运动以获七分调养之效。

（2）在病情明显好转时，应嘱咐病人坚持治疗，以巩固疗效。可适当减量或间日一剂。

3. 加味茵陈四苓汤

组成：茵陈 30 g　　　　白术 15 g　　　茯苓 15 g　　　猪苓 15 g
泽泻 15 g　　　　大腹皮 15 g　　陈皮 10 g　　　赤芍 15 g
丹参 15 g　　　　泽兰 15 g　　　金钱草 15 g　　蒲公英 15 g
白花蛇舌草 15 g　甘草 3 g

功用：清热利湿，行气活血，利水退黄。

方解：方中茵陈清热利湿，白术、茯苓、猪苓、泽泻健脾淡渗利水，赤芍、丹参、泽兰、益母草凉血活血利水，大腹皮、陈皮行气利水，金钱草、蒲公英、白花蛇舌草清热解毒除湿，甘草调和诸药。

主治：肝硬化腹水。临床表现：神疲乏力，腹胀纳呆，双下肢浮肿，或有身、目黄染，小便黄，舌质淡，苔黄腻，脉滑。

【临床应用及加减化裁】

①脾虚证，见脘闷纳呆，神疲，便溏，下肢浮肿等，加黄芪、党参、山药、黄精等；②阴虚证，见腹胀，面色晦滞，口干而燥，舌质红少津，苔少或光剥，加旱莲草、女贞子、枸杞子、楮实子等；③瘀血证，见面色晦暗黧黑，胁下癥结痛如针刺，或见赤丝红缕，口干不欲饮，舌质紫暗或有紫斑，加益母草、茜草等；④水饮内停，腹大如鼓，下肢浮肿，小便短少，加大腹皮、桑白皮、白茅根、车前子等利水；⑤湿热明显，症见烦热口苦，或有面目皮肤黄染，大便秘结或溏垢，舌质红，苔白腻或黄腻，加败酱草、虎杖、

薏苡仁、滑石等清热利湿；⑥肝脾肿大，胁下可扪及包块，加鳖甲、牡蛎、穿山甲、莪术、桃仁等软坚散结。

【验案举要】

案 1. 黄某，女，54 岁。2007 年 10 月初诊。

主诉：腹胀 1 月余。

患者 1 月前无明显诱因感腹胀，伴纳差、乏力、厌油，在当地某医院诊治，服用中西药（具体药名不详），诸症日渐加重。

诊见：痛苦表情，神清，皮肤黏膜及巩膜黄染，纳差，食后腹胀难忍，尿黄少，大便溏，一日 2 次。查体：胸部有数个蜘蛛痣，腹膨隆，移动性浊音阳性，肝、脾肋下可触及。舌淡红，苔薄黄腻，脉弦滑。B 超检查示：肝硬化，腹水，门静脉内径 1.4 cm，肝脾肿大。肝功能示：ALT 128 U/L，AST 98 U/L，A 35.5 g/L，A/G 0.82，TBIL 84.5 μmol/L，DBIL 22.5 μmol/L，两对半：HBsAg（+），HBeAg（+），HBcAb（+）。

诊断：鼓胀（肝硬化腹水）。

辨证：湿热内蕴，气滞血瘀水停。

治法：清热利湿，行气活血，利水退黄。

方剂：加味茵陈四苓汤加减。

药物：茵陈 30 g   白术 15 g   茯苓 15 g   猪苓 15 g
   泽泻 15 g   大腹皮 15 g   陈皮 10 g   赤芍 15 g
   丹参 15 g   泽兰 15 g   金钱草 15 g   败酱草 15 g
   蒲公英 15 g   白花蛇舌草 15 g   虎杖 15 g   黄芪 15 g

共 7 剂。水煎服，每日 1 剂，分三次温服。

上方连服 7 剂，身目黄染均有所改善，尿量日渐增多，腹胀减轻，腹围明显缩小，胃纳增加；药已中病，原方去金钱草加益母草 15 g。连服月余，复查肝功能基本趋于正常，B 超检查未见腹水，随访 6 月无复发。

案 2. 吴某某，男，55 岁。2008 年 11 月 17 日初诊。

主诉：腹胀 2 月，加重 1 周。

患者于就诊前 2 月无诱因出现腹胀不适，进行性加重，进食后尤甚，胀甚时伴有腹痛，尚可忍受，偶有嗳气，小便黄如浓茶样，无发热、厌油、恶心呕吐等症。在当地医院检查诊断为"肝炎肝硬化失代偿期"，给予保肝、营养支持及对症处理等，上述症状均减轻，临床好转出院。后一直在当地私人诊所口服中药汤剂治疗，近1周上述症状复发加重。

诊见：腹胀明显，甚时腹痛，食后加重，小便黄，大便正常，纳寐可，舌红，苔黄厚，脉弦。1月前当地医院查肝功示：ALT 96 U/L，AST 187 U/L，TBIL 57.4 μmol/L，DBIL 41.4 μmol/L，GLB 49 g/L，A/G 0.58。腹部彩超示：肝硬化，脾大，腹腔积液。

诊断：鼓胀（乙肝肝硬化腹水）。

辨证：气滞湿阻兼瘀热。

治法：清热除湿，行气活血利水。

方剂：加味茵陈四苓汤加减。

药物： 茵陈 15 g   猪苓 15 g   白术 10 g   茯苓 10 g
　　　泽泻 15 g   赤芍 15 g   丹参 15 g   佛手 10 g
　　　大腹皮 15 g   泽兰 15 g   蒲公英 15 g   益母草 15 g
　　　鳖甲（打，先煎）15 g   虎杖 15 g   白花蛇舌草 15 g

共 7 剂。水煎服，每日 1 剂。

2008 年 11 月 24 日二诊：服上方 7 剂后，腹痛消失，腹胀减轻，伴腹部水响声，嗳气或矢气后缓减，口臭，大便时干时稀。舌红，苔淡黄厚，脉沉细。治当续予清热化湿、淡渗分利，辅以活血行气利水，上方去佛手、虎杖、白花蛇舌草，加路路通 15 g 行气利水，加黄芪 30 g 顾护正气，补土以荣木，并兼制药性的寒凉。水煎服，每日 1 剂，连服 1 周。

2008 年 12 月 1 日三诊：腹胀进一步缓解，仍觉腹部水响连连，舌红，苔淡黄厚，脉细。今复查肝功示 DBIL 19.2 μmol/L（参考值：1.7～6.8 μmol/L），GLB 38.2 g/L，ALB 33.1 g/L，A/G 0.87，其余指标正常。腹部彩超：腹腔积液 5.8 cm。效不更方，上方去路路通，加槟榔 15 g 通肠逐水，加佛手 10 g 和中行气。水煎服，每日 1 剂，连服 1 周。

2008 年 12 月 8 日四诊：患者诉偶感轻微腹胀，午后甚，下肢微肿，口干，纳可，舌红，少许白苔，脉弦。湿热留恋，余邪未清，仍症见腹胀，热为阳邪，易灼伤津液，加之肝病日久，肝阴不足，亦可见口干，舌脉亦属伤阴征象。续用加味茵陈四苓汤加减。

药物：茵陈 15 g　　白术 10 g　　茯苓 10 g　　猪苓 10 g
　　　泽泻 10 g　　赤芍 15 g　　丹参 15 g　　黄芪 15 g
　　　白花舌蛇草 15 g　泽兰 15 g　益母草 15 g　蒲公英 15 g
　　　枸杞子 15 g　楮实子 15 g　黄精 15 g　　甘草 3 g

共 7 剂。水煎服，每日 1 剂。

2008 年 12 月 15 日五诊：无腹胀及腹痛，自觉午后踝关节周围微肿，但按之不凹陷，口微干，偶有大便稀溏，小便正常，纳寐可，舌红，苔薄白，脉弦。今复查肝功：GLB 34.5 g/L，A/G 1.13，其余指标正常。腹部彩超：肝实质回声改变，脾大，胆囊壁增厚伴胆囊息肉，未见腹腔积液。续守法守方。

药物：茵陈 15 g　　白术 10 g　　茯苓 10 g　　猪苓 15 g
　　　泽泻 10 g　　赤芍 15 g　　丹参 15 g　　黄芪 15 g
　　　佛手 15 g　　泽兰 15 g　　益母草 15 g　香橼 15 g
　　　枸杞子 15 g　鳖甲（打，先煎）15 g　黄精 15 g　甘草 3 g

共 7 剂。水煎服，每日 1 剂。

嘱注意休息，清淡易消化饮食，定期复查肝功，腹部彩超等。

案 3. 胡某某，男，69 岁。2005 年 2 月 10 日初诊。

主诉：反复腹胀 1 年，复发加重 2 月。

患者于 3 年前诊断为"肝硬化"，肝功正常，间断服中药治疗。1 年前始感腹胀，查肝功能不正常（具体不详），"两对半"检查结果为"大三阳"，诊断为"乙型肝炎肝硬化"，经中西药（具体用药不详）治疗好转。2 月前患者感腹胀复发加重，并出现面目黄染，在当地医院治疗效果不佳。

诊见：脘闷腹胀，纳差，小便黄，量少，大便溏，2～3 次/日，双下肢水肿，舌淡红苔黄腻，脉沉细。今日查肝功示：ALT 150 U/L，AST 84 U/L，TBIL 42.5 μmol/L，DBIL 12.5 μmol/L，A 32.6 g/L，A/G 0.85，"两对半"：HBsAg（+），HBeAg（+），HBcAb（+），腹部 B 超检查示：肝脏形态欠规则，肝包膜

凹凸不平，门脉内径 1.3 cm，脾厚 5.8 cm，探得腹水最深处 6 cm。

诊断：鼓胀（乙肝肝硬化腹水）。

辨证：肝郁脾虚，水湿内停夹湿热。

治法：健脾利水，行气活血，清热除湿。

方剂：加味茵陈四苓汤加减。

药物：茵陈 15 g　　猪苓 15 g　　白术 10 g　　茯苓 10 g
　　　泽泻 15 g　　赤芍 15 g　　丹参 15 g　　泽兰 15 g
　　　益母草 20 g　鳖甲（打，先煎）15 g　大腹皮 15 g　　黄芪 15 g
　　　蒲公英 15 g　败酱草 15 g　白花蛇舌草 15 g　甘草 3 g

水煎服，每日 1 剂。共 30 剂。

2005 年 4 月 11 日二诊：服药后小便量增加，大便不成形，1～2 次/日，下肢浮肿减轻，腹胀较前稍缓解，舌淡红，苔黄腻，脉沉。原方加佛手 10 g 疏肝理气。水煎服，每日 1 剂，共 21 剂。

2005 年 5 月 5 日三诊：病情明显好转，身目黄染不明显，食纳增加，仍感脘腹闷胀，伴隐痛，乏力，小便黄，大便溏，日 1 次，舌淡红，薄黄苔，脉沉细。复查腹部 B 超腹水已消失。肝功能：ALT 78 U/L，AST 56 U/L，TBIL 34.5 μmol/L，DBIL 9.5 μmol/L，Alb 35.6 g/L，A/G 0.92。治宜疏肝健脾，活血兼清余热，方用小柴胡汤加味。

药物：柴胡 10 g　　黄芩 10 g　　法夏 10 g　　党参 15 g
　　　郁金 15 g　　丹参 15 g　　赤芍 15 g　　泽兰 15 g
　　　鳖甲（打，先煎）15 g　金钱草 15 g　蒲公英 15 g　黄芪 15 g
　　　白花蛇舌草 15 g　甘草 3 g　生姜 2 片　　大枣 9 g

水煎服，每日 1 剂。共 21 剂。

2005 年 5 月 26 日四诊：患者一般情况好，无黄疸，偶有右胁痛，食纳尚可，小便正常，大便基本成形，1 次/日，舌淡红苔薄黄，脉沉细。今日复查肝功能：ALT 65 U/L，AST 52 U/L，TBIL 31.5 μmol/L，DBIL 9.5 μmol/L，A 35.2 g/L，A/G 0.96。治宜益气活血兼清余邪，方选益气活血汤加味。

药物：黄芪 15 g　　白术 10 g　　茯苓 15 g　　薏苡仁 15 g

山药 15 g　　　　赤芍 15 g　　　　丹参 15 g　　　　泽兰 15 g
鳖甲（打，先煎） 15 g　佛手 10 g　　　香附 10 g　　　蒲公英 15 g
败酱草 15 g　　　白花蛇舌草 15 g　甘草 3 g

水煎服，每日 1 剂，共 30 剂。

患者 2006 年至 2008 年多次复诊，病情稳定无反复，在第 3、4 诊用药基础上随证加减治疗，大都每周服药 3～5 剂，偶有停药半月左右，病情稳定，一般情况好，饮食、睡眠、二便均正常，舌淡红润，苔薄黄，脉沉。2008 年 10 月 20 日腹部 B 超示：肝脏形态欠规则，肝包膜凹凸不平，肝内回声增多、粗糙，血管纹理不清，门脉内径 1.2 cm，脾厚 5.6 cm，长 9.8 cm，无腹水征。肝功能：ALT 30.5 U/L，AST 25.6 U/L，TBIL 26 μmol/L，DBIL 7.5 μmol/L，A 38.9 g/L，G 38.4 g/L。

案 4. 蒋某某，男，56 岁。2007 年 1 月 8 日初诊。

主诉：反复腹胀 1 年余，复发 20 余天。

患者于 1 年余前出现腹胀，黄疸，腹泻，身软，乏力，腹水，双下肢水肿，在泸医附属医院住院，诊断为"酒精性肝硬化（失代偿期）"。20 余天前又因腹胀，身目黄染，腹水再次住院，诊断同前，经治疗后腹胀略好转，仍有黄疸、乏力、浮肿等而来求治。

诊见：面部黧黑，可见赤丝缕纹，巩膜黄染，双下肢膝以下凹陷性水肿。诉腹胀，纳差，便溏。肝功检查：ALT 76 U/L，AST 104 U/L，GGT 158 U/L，A 35 g/L，A/G 1.05，TBIL 75.3 μmol/L，DBIL 22 μmol/L。腹部 B 超：肝脏右叶肿大，边缘欠规则，肝内光点密集，血管纹理不清晰，走向弯曲，门脉内径 1.3 cm，胆囊壁增厚粗糙，脾厚 4.5 cm，腹内有液性暗区，最深约 6 cm。舌质红体胖，黄腻苔，脉弦大重按无力。有饮酒史 10 余年，每日约 1 斤（500 mL），近年仍饮酒少许，无乙型肝炎病史。患者素嗜饮酒，酒为湿热之性，湿热之邪蕴结中焦，伤及脾胃，运化失司，痰湿内生，湿热搏结，阻碍气机，致肝郁气滞，气血瘀滞，进而波及于肾，开阖不利，终至气血水阻滞而成鼓胀。

诊断：鼓胀（酒精性肝硬化 失代偿期）。

辨证：脾肾亏虚，水湿内停，兼夹湿热。

治法：健脾利水，行气活血，清热除湿。

方剂：茵陈四苓汤加味。

药物：茵陈 30 g　　白术 10 g　　茯苓 10 g　　猪苓 15 g
　　　泽泻 15 g　　赤芍 15 g　　丹参 15 g　　白茅根 15 g
　　　金钱草 15 g　泽兰 15 g　　益母草 30 g　鳖甲（打，先煎）12 g
　　　黄芪 15 g　　蒲公英 15 g　虎杖 15 g　　佛手 10 g

水煎服，每日 1 剂。共 7 剂。

嘱戒酒，饮食宜清淡。

2007 年 1 月 15 日二诊：服上方 7 剂后，精神好转，皮肤巩膜仍黄，小便量增加，腹胀减轻，双下肢水肿基本消失，舌脉同前。续守上方，改赤芍为 30 g 以增强凉血退黄之力，加黄精以加强益气功效。

药物：茵陈 30 g　　白术 10 g　　茯苓 10 g　　猪苓 15 g
　　　泽泻 15 g　　赤芍 30 g　　丹参 15 g　　白茅根 15 g
　　　金钱草 15 g　泽兰 15 g　　益母草 30 g　鳖甲（打，先煎）12 g
　　　黄芪 15 g　　黄精 15 g　　蒲公英 15 g　虎杖 15 g
　　　佛手 10 g

水煎服，每日 1 剂。共 14 剂。

2007 年 1 月 29 日三诊：精神好转，皮肤巩膜轻度黄染，小便量增加，腹胀基本消失，双下肢无水肿，舌红欠润，中部被白厚苔，脉弦重按无力。患者湿热已减退，舌象显示气阴两虚的表现，治宜益气养阴，活血化瘀，兼清湿热余邪。

药物：茵陈 15 g　　白术 10 g　　云苓 10 g　　赤芍 15 g
　　　丹参 15 g　　泽兰 15 g　　益母草 15 g　枸杞子 15 g
　　　女贞子 15 g　旱莲草 15 g　黄芪 15 g　　黄精 15 g
　　　山楂 15 g　　白花蛇舌草 15 g　蒲公英 15 g　鳖甲（打，先煎）12 g

每日 1 剂，30 剂。

2007 年 2 月 26 日四诊：患者一般情况好，除偶有胃脘胀满外，无其余不适。今日复查肝功：ALT 54 U/L，AST 62 U/L，GGT 76 U/L，A 36.5 g/L，G

33.5 g/L，TBIL38.3 μmol/L，DBIL14 μmol/L，腹部 B 超示：肝脏边缘欠规则，肝内光点密集，血管纹理不清晰，走向弯曲，门脉内径 1.3 cm，胆囊壁增厚，脾厚 4.5 cm，腹内无液性暗区。舌红，欠润，有白苔，脉弦。继续益气养阴，活血化瘀，兼清湿热，方选益气活血汤加味。

药物：黄芪 15 g　　白术 10 g　　茯苓 15 g　　薏苡仁 15 g
　　　黄精 15 g　　赤芍 15 g　　枸杞子 15 g　　女贞子 15 g
　　　旱莲草 15 g　　丹参 15 g　　泽兰 15 g　　益母草 15 g
　　　鳖甲（打，先煎）12 g　　白花蛇舌草 15 g　　蒲公英 15 g　　佛手 10 g

水煎服，每日 1 剂，共 30 剂。

【注意事项】

（1）本方主要用于肝硬化腹水以湿热、水停、血瘀证并见者，功用以祛邪为主。临床运用根据三者的轻重进行加减治疗。

（2）对于鼓胀中、后期，应攻补兼施，或扶正为主。如以气虚、阴虚证为主时，应益气活血利水或养阴益气活血利水。

4. 加味四逆散

组成：柴胡 10 g　　白芍 20 g　　枳壳 10 g　　丹皮 10 g
　　　黄柏 10 g　　郁金 15 g　　金钱草 15 g　　海金沙 15 g
　　　薏苡仁 15 g　　败酱草 15 g　　广木香 10 g　　佛手 10 g
　　　甘草 3 g

功用：疏肝利胆，清热除湿。

方解：方用四逆散疏利肝胆之郁结、泻脾气之壅滞、调中焦之运化为主，加丹皮、黄柏清热泻火，郁金、金钱草、海金沙清热利胆，薏苡仁、败酱草清热解毒，广木香、佛手理气止痛。

主治：胆囊炎、胆石症、胆囊切除术后肝胆郁结兼湿热阻滞者。证见：胁痛阵作，痛引肩背，进油腻加剧，伴口苦、口干、呕吐，小便黄，大便干，或伴巩膜及皮肤黄染，舌红苔黄腻，脉弦等。

【临床应用及加减化裁】

胆为中清之腑，内藏精汁，胆的功能以通降下行为顺，与肝共司疏泄之职。若过食肥甘，情志所伤，寒温失调，或外邪内扰等，均可阻碍肝胆气机，使肝失疏泄，胆失通降，而致胆汁淤积，湿热内蕴，出现肝胆郁结兼湿热阻滞证。治以加味四逆散疏肝利胆，清热解毒。疼痛重则加重白芍、甘草用量，取芍药甘草汤柔肝缓急止痛，或加川楝子、玄胡索，大便秘结改枳壳为枳实，加厚朴，或再加大黄通腑泄热，黄疸加茵陈、栀子加强清热利胆力度，胆囊或胆管结石加鸡内金、威灵仙化坚消石，舌暗有瘀斑或胆囊壁增厚加赤芍、丹参、桃仁，高热、腹肌紧张则中西药结合治疗。

【验案举要】

案 1. 何某，女，50 岁。2008 年 4 月 25 日初诊。

主诉：反复右胁疼痛 4 年，复发 1 周。

患者曾于 10 年前因"胆囊息肉"行"胆囊切除术"，术后一度无异常。近 4 年来右胁阵发性剧烈钻顶痛反复发作，多方求治疗效不佳。1 周前无特殊原因，先出现上腹不适，继之右胁疼痛，初为胀痛，后呈剧烈钻顶痛，放射至背心、剑下，经某诊所输液及服中西药治疗（具体药名不详），症状已有所好转，但仍阵阵剧痛而来求治。

诊见：神情紧张，表情痛苦，身目无黄染，无发热。纳差，每日仅能进稀粥少许，伴腹胀，嗳气，口苦，小便黄，大便正常，舌淡胖，边尖红，苔薄黄腻，脉弦。近 4 年来多次腹部 B 超、CT、MRI 检查均提示肝内外胆管无结石，胃镜检查发现有胆汁返流。

诊断：胁痛（胆囊术后胆管功能障碍）。

辨证：肝胆湿热，肝胃不和。

治法：疏肝利胆，清热除湿，调和肝脾胃。

方剂：加味四逆散加味。

药物：柴胡 10 g　　白芍 30 g　　枳壳 9 g　　丹皮 10 g
　　　黄柏 10 g　　郁金 15 g　　金钱草 15 g　川楝子 10 g
　　　玄胡索 10 g　佛手 10 g　　浙贝母 10 g　海螵蛸 15 g
　　　败酱草 15 g　黄芪 15 g　　旋复花 15 g　甘草 5 g

水煎服，每日 1 剂，共 7 剂。

2008年5月2日二诊：右胁痛明显减轻，呈隐痛，自诉近数月来右胁难有如此轻快感，食纳增加，仍嗳气，口苦，小便黄，大便正常，舌脉同前。效不更方，续守上方治疗。疼痛已明显缓解，白芍改为 15 g，去川楝子、玄胡索，加蒲黄 10 g、五灵脂 10 g，加用失笑散活血祛瘀散血止痛。水煎服，每日 1 剂，共 7 剂。

2008年5月9日三诊：病情继续好转，偶感右胁不适，纳食恢复，唯觉倦怠乏力，舌淡胖，边尖微红，苔薄腻，脉弦缓。治宜疏肝健脾，兼清余邪。方用加味四逆散合四君子汤加味。

药物：柴胡 10 g　　白芍 15 g　　枳壳 9 g　　丹皮 10 g
黄柏 10 g　　党参 15 g　　白术 10 g　　茯苓 10 g
郁金 15 g　　金钱草 15 g　　蒲黄 10 g　　五灵脂 10 g
佛手 10 g　　浙贝母 10 g　　海螵蛸 15 g　　甘草 5 g
每日 1 剂，共 7 剂。

案 2. 齐某某，女，62 岁。2008 年 5 月 15 日初诊。

主诉：反复右胁疼痛 1 年余，加重 4 天。

患者右胁时有胀痛或隐痛已 1 年余。此次于 4 天前出现右胁持续性胀痛，阵发性加剧，疼痛向右肩背部放射，无恶寒发热，无黄疸。腹部 B 超检查示胆囊增大，胆壁毛糙、增厚，透声度差，囊内可见多个强回声团，最大直径 1.2 cm，诊断为"胆石胆囊炎"。患者不愿手术治疗，要求服中药治疗。

诊见：右胁持续性胀痛，阵发性加剧，疼痛向右肩背部放射，食纳减退，嗳气，厌油腻，口干苦，小便黄，大便正常，舌边尖红，苔薄黄腻，脉弦。

诊断：胁痛（胆石胆囊炎急性发作）。

辨证：肝气郁结，兼肝胆湿热，肝郁脾虚。

治法：疏肝利胆，清热除湿，疏肝健脾。

方剂：加味四逆散加味。

药物：丹皮 10 g　　黄柏 10 g　　柴胡 10 g　　白芍 30 g
枳壳 10 g　　郁金 15 g　　金钱草 15 g　　鸡内金 10 g
银花 15 g　　苡仁 15 g　　败酱草 15 g　　川楝子 10 g

佛手 10 g　　　　甘草 3 g

水煎服，每日 1 剂，共 7 剂。

2008 年 5 月 22 日二诊：服药后右胁痛显著减轻，纳食增加，仍有腹胀及嗳气，原方加紫苏梗 10 g。水煎服，每日 1 剂，共 7 剂。

2008 年 5 月 29 日三诊：右胁痛消失，但食欲欠佳，进食后腹胀较甚，小便黄，大便微溏，舌淡红，苔薄腻，脉弦细。证属肝胆湿热兼肝郁脾虚，予加味四逆散合四君子汤加减。

药物：丹皮 10 g　　黄柏 10 g　　柴胡 10 g　　白芍 30 g
　　　枳壳 10 g　　郁金 15 g　　金钱草 15 g　鸡内金 10 g
　　　白术 10 g　　茯苓 10 g　　太子参 15 g　陈皮 10 g
　　　苏梗 10 g　　佛手 10 g　　甘草 3 g

每日 1 剂，共 7 剂。

案 3. 吴某某，男，64 岁，于 2004 年 3 月 4 日初诊。

主诉：反复腹痛 3 月余，复发 2 天。

患者就诊前 3 月，因上腹疼痛于泸医附属医院住院治疗，被诊断为"急性胰腺炎"，经治疗后痊愈出院。后因饮食不慎反复发作，再次于附属医院住院，又经治疗后痊愈出院。2 天前进食稍多，又出现上腹持续性闷痛，阵发性加剧，伴恶心呕吐，吐出胃内容物及黄色苦水，口干欲饮，水入即吐，小便黄，大便不畅。

诊见：上腹持续性闷痛，阵发性加剧，伴恶心呕吐，寐尚可，小便黄，大便 2 日未解。查体：痛苦面容，腹部膨满，压痛明显，舌红，苔薄黄腻，脉弦滑。体温 37.4 ℃。血常规检查提示：白细胞（WBC）12.0×10^9/L，血淀粉酶 220 U（温氏法），尿淀粉酶 320 U（温氏法），腹部 B 超检查示：胆囊壁粗糙，胰腺增大并见回声减低，胰腺内无钙化点无结石。患者不愿住院，要求服中药治疗。此为饮食不节，损伤脾胃，湿热内生，郁于肝胆，肝失疏泄，气机郁滞所致。

诊断：腹痛（急性胰腺炎）。

辨证：肝郁气滞，湿热蕴结。

治法：疏肝理气，清热除湿。

方剂：加味四逆散加味。

药物：柴胡 10 g　　白芍 30 g　　枳实 10 g　　厚朴 10 g
　　　丹皮 10 g　　赤芍 15 g　　黄柏 10 g　　金钱草 15 g
　　　栀子 10 g　　败酱草 15 g　红藤 15 g　　蒲公英 15 g
　　　木香 9 g　　 生甘草 3 g

水煎服，每日 1 剂，共 4 剂。

2004 年 3 月 8 日二诊：呕吐已止，腹痛减轻，大便已解，已能进流汁，舌红，苔仍黄腻，脉弦。药既见效，嘱按原方再进。水煎服，每日 1 剂，连服 4 天。

2004 年 3 月 11 日三诊：患者病情更见好转，腹胀痛基本消失。复查血尿淀粉酶恢复正常。舌红，苔薄黄，脉弦细。原方去栀子、厚朴、红藤，加郁金 15 g、丹参 15 g、砂仁 6 g。水煎服，每日 1 剂，共 14 剂。

2004 年 4 月 19 日四诊：腹痛症状痊愈，进食清淡饮食，二便自调，舌脉同前。复查血尿淀粉酶正常，腹部 B 超检查示胰腺已无肿大。守原方加减。

药物：柴胡 10 g　　白芍 30g　　 枳壳 10 g　　木香 9 g
　　　丹皮 10 g　　赤芍 15 g　　黄柏 10 g　　金钱草 15 g
　　　郁金 10 g　　败酱草 15 g　丹参 15 g　　蒲公英 15 g
　　　生甘草 3 g

水煎服，每日 1 剂，共 4 剂。

【注意事项】

（1）本方主要为"肝胆郁结兼湿热阻滞"证而设，临床上非"肝胆郁结兼湿热阻滞证"者则非本方所宜。临床应用本方时，患者应注意戒烟酒、畅情志、勿劳累、限肥甘、少辛辣，以获七分调养之效。

（2）病情明显好转时，应顾护脾胃，常合四君子汤加减。

（3）关于排石问题，过去曾用大剂量通里攻下药物排出过不少结石，体会到中药排石有效，但排石过程病人痛苦大，加上大多数病人有多个结石，一次不易排尽，故已少用药物排石。手术切除是根治本病的常用方法，然而

"胆道术后综合征"屡见不鲜，患者仍有上腹痛、消化不良等，而且多年得不到解决，少数又有并发肝胆管结石者，故在此领域内中医治疗有独特的优势和广阔的前景。

二、医 话

（一）慢性乙型肝炎治疗思路

慢性乙型肝炎是由乙型肝炎病毒感染引起的一种传染性疾病，病程迁延，反复发作，容易发展为肝硬化和肝癌，对人类健康危害极大，近年来核苷（酸）类药物的问世，虽已使病情和预后有所好转，但由于病毒变异，停药后的反弹等不良反应使抗病毒药的作用仍有一定局限性，中医药治疗的参与，仍不可或缺，在本病的治疗中孙同郊教授有以下体会。

1. 清利湿热，贯穿始终，祛邪务尽

湿热疫毒是本病的重要病理因素，主要是外感湿热疫毒，亦可由脏腑功能失调而内生，贯穿于疾病的整个病程，因此清热除湿务必彻底，才能缩短病程，改善症状，减少肝硬化、肝癌发生概率。湿热内蕴常见症状有乏力，纳差，恶心呕吐，有黄疸或无黄疸，口苦口腻，小便黄赤，大便干或秽臭不爽，舌红苔黄腻，脉弦数等。常用清热药茵陈、栀子、大黄、蒲公英、虎杖、苦参、夏枯草、金银花、白花蛇舌草等，常用利湿药白茅根、车前子、滑石、通草，湿热多寡轻重与病情的轻重相关，应当在辨证基础上选择适当的药物和剂量，已有数据分析证实，湿热轻重与谷丙转氨酶（ALT）、胆红素值呈正相关，与病毒指数亦有一定关系。由于清热解毒药性多苦寒败胃，伤阴，故临床常需与健脾、滋阴、补肾等法同用。

2. 疏肝健脾为主要治法

肝郁脾虚是本病主要病机，是本病最常见证型，疏肝健脾是本病治疗的重要方法。肝郁脾虚证临床症状常有胁肋疼痛、乏力、纳差、消瘦、大便稀溏、舌淡、苔腻、脉弦细等。常用疏肝药有柴胡、香附、佛手、苏梗、青皮

等，常用健脾药有黄芪、党参、太子参、白术、茯苓、山药、苡仁、白扁豆等。疏肝健脾能调节机体免疫功能，祛邪外出，恢复已伤元气使脏腑功能活动正常。已有临床研究证实，柴芍六君子汤有改善患者的肝功能，提高抗病毒药物抑制乙肝病毒复制疗效的作用。

3. 活血化瘀适时配合

瘀血是本病长期不愈的病理产物，同时也是慢性肝病病情进展的重要原因，常见症状有面色晦暗、面部红丝、蜘蛛痣、舌质黯、有瘀点、瘀斑等。常用活血药有当归、赤芍、丹皮、丹参、桃仁、红花、川芎、鳖甲、牡蛎、莪术等。临床上湿热重时，血与热交结而为血热，应选用凉血活血药为主，当湿热渐退或久病成积块时则选用养血活血药或化瘀散积药。活血化瘀药有改善微循环，减少肝细胞损伤，抑制肝纤维化等作用。由于本病正虚邪实，气虚时常须疏肝健脾活血，气阴两虚时须育阴健脾活血，达到祛邪不伤正的目的。

4. 滋阴补肾提高疗效

肝体阴用阳，慢性肝炎日久而致肝体受损，肝阴不足，症见头昏、耳鸣、目涩、口干、胁肋隐痛、夜寐多梦、便干舌红、苔薄、脉细数等。肝肾同源，肝阴虚久必致肝肾阴虚甚或阴阳两虚，或肾阳虚。肾阳虚常见症状为倦怠乏力、腰膝酸软、畏寒肢冷、舌淡胖有齿痕、脉沉弱等，此时滋补肾阴肾阳，则可改善病情，促进疾病恢复。常用补肾阴药有生地、沙参、麦冬、枸杞子、女贞子、墨旱莲、何首乌等，常用温肾阳药有淫羊藿、巴戟天、菟丝子、肉苁蓉等。现代医学已公认乙肝是一种与机体免疫应答密切相关的疾病，免疫耐受或免疫活跃影响着乙肝病情静止或活动。已有文献证明中医肾与免疫功能密切相关，肾有机体防御，协调五脏六腑、十二经络气血，祛邪外出的重要作用，在辨证的基础上应用滋肾阴、温肾阳的药物，具有改善患者肝功能，抑制病毒复制，减轻或逆转肝纤维化，提高血清 HBeAg（乙肝病毒 e 抗原）转换率、转氨酶复常率等功效。在临床工作中，笔者也常遇到多例 ALT、AST 升高，服多种药物都不能恢复正常的病例，经加用补肾阳药或肾阴药而获得复常。

（二）辨治脂肪肝体会

脂肪肝是各种原因导致肝细胞内脂肪积聚过多的一类疾病，包括单纯性脂肪肝，脂肪性肝炎，脂肪性肝纤维化甚至肝硬化、肝癌。肥胖、高脂血症、胰岛素抵抗、内分泌失调、酒精中毒、药物中毒等是导致脂肪肝的主要原因，至今还有许多未知的因素。临床症状以肝区隐痛不适，体态肥胖，肝脏肿大为主，根据有无长期过量饮酒史，分为非酒精性脂肪肝和酒精性脂肪肝两大类。现代医学治疗没有特效药，主要用保肝降酶药物和降脂药。近年来中医药对脂肪肝的治疗研究报道甚多，并取得显著进展。

1. 病因病机

多数医家将本病归属于痰证、湿证、瘀证、积证之中。脂肪肝的发生多因过食肥甘厚味，饮酒过度，动少逸多，感受湿热毒邪，情志失调等，伤及肝、脾胃、肾所致。脾主运化，通调水道，脾胃内伤，脾失健运，水精不能布散而停滞体内，聚生痰湿；肝主疏泄，调畅气机，肝郁气结，血行不畅而瘀滞。肝郁脾虚则痰湿血瘀郁结于肝而发病，或可因肾精亏虚，肾阳不能助脾胃腐熟运化水谷精微而化生痰湿，肾阴不足，相火妄动，炼液成痰，肝阴亦受其累，失于润达，影响脾胃运化而致病，故本病的病位在肝、脾胃、肾，病机属本虚标实，本虚以脾、肾虚为主，标实主要责之气滞、湿、痰、血瘀。

2. 辨证论治

脂肪肝的辨证分型尚无统一标准，孙同郊教授以辨证为主，结合辨病的思维方法将其分为四型：

（1）肝郁脾虚证

多见于单纯性脂肪肝。症见：右胁不适或胀痛，走窜不定与情志有关，肥胖，神疲乏力，少气懒言，纳差，嗳气频作，善叹息，便溏，舌淡苔白腻，脉弦或弦细。治宜疏肝健脾。常用疏肝理气药有柴胡、郁金、枳壳、青皮、陈皮等，代表方有柴胡疏肝散、逍遥散、四逆散、小柴胡汤等。健脾益气药有太子参、党参、黄芪、白术、茯苓、山药等，代表方如四君子汤、参苓白术散、六君子汤等。

肝郁脾虚是脂肪肝的基本病机，肝郁脾虚证是本病中最常见的证型。无论在疾病初期或久病不愈者皆可见到肝郁或脾虚，因此疏肝健脾法应贯穿治疗始终，在此基础上加用祛湿、化痰、活血药往往可以提高疗效，有研究证明，肝郁脾虚证占本病的一半左右，疏肝健脾药具有保护肝细胞，减轻肝细胞脂肪变性的作用。

（2）湿热内蕴证

多由于湿浊郁久不化，郁而生热，或复感外湿，内外相引为患而见此证。多见于脂肪性肝炎。症见：脘腹痞闷，肝区隐痛，纳差，口黏，心烦易怒，乏力，口干口苦，小便赤黄，便秘或便溏，舌红苔黄，脉弦滑数。治宜祛湿化痰，清热利湿。常用祛湿化痰药有陈皮、半夏、茯苓、枳实、厚朴、竹茹、瓜蒌、浙贝母等，常用代表方有二陈汤、温胆汤。常用清热利湿药有茵陈、虎杖、黄芩、连翘、大黄、泽泻、荷叶、决明子、栀子、黄连、黄柏等，代表方有茵陈蒿汤、龙胆泻肝汤、甘露消毒丹等。

在治疗此证时，也应适当加用疏肝理气健脾之品，以达到健脾化湿以绝生痰之源，理气疏肝以畅达气血之效，可有效阻断病势的发展。

（3）痰瘀互结证

病情迁延不愈，在肝郁脾虚，痰湿内阻，或湿热蕴结的基础上，将进一步加重，发展为痰瘀互结于肝，痹阻脉络而致此证，多见于脂肪性肝炎、脂肪肝相关肝纤维化甚至肝硬化。症见：脘腹痞满，肝区胀闷疼痛，痛处固定不移，或痛如针刺，口黏腻，纳差，乏力，头昏，恶心，泛泛欲吐，肝脾肿大变硬，舌质瘀黯或见瘀点瘀斑，舌下脉络瘀滞，脉细涩。治宜化痰散结、活血化瘀，常用药物有半夏、瓜蒌、海藻、昆布、丹参、赤芍、郁金、姜黄、三七、莪术、桃仁等，常用方如祛痰活血汤（自拟方）、膈下逐瘀汤、血府逐瘀汤等。

多数学者认为中医的痰瘀与肝纤维化的发生发展密切相关，活血化瘀法是肝纤维化治疗大法。有研究表明，血府逐瘀汤治疗肝纤维化，血清肝纤维化指标Ⅲ型前胶原氨基端肽（PⅢP）、透明质酸（HA）、层粘连蛋白（LN）均明显下降，治疗组与对照组有显著差异。应当注意的是在运用化痰活血祛瘀方药时，应注意理气药的应用，因气为血帅，气行则血行，行气以化痰。

此外，此阶段多为病情迁移日久而成，因此常并见脾胃虚弱，肝肾阴虚，脾肾阳虚等虚实夹杂之证。故在活血化瘀、化痰散结的同时，辨证加用相应的补益之品，扶正祛邪，标本同治，可以取得满意疗效。

（4）肾精亏虚证

肾与他脏之间，存在着相互资生，相互为用的关系，各种致病因素可导致肾精亏虚而又势必导致肝失条达，脾失运化，肝脾肾三脏功能失调，湿热痰瘀互结于肝而发为本病。症见：胁肋隐痛，腰膝酸软，足跟痛，头昏目眩、耳鸣、视物不清，口干潮热，舌红或舌淡，脉沉细或沉弱。治宜补益肝肾、健脾化湿、行气活血。常用补肾药有女贞子、枸杞、菟丝子、黄精、何首乌、桑寄生、断续、杜仲等，常用方剂有六味地黄丸、二至丸、滋水清肝饮、左归丸、金匮肾气丸等，在补肾方药的基础上，加用行气、化瘀、祛痰、消脂药物可增强疗效。

3. 临床药理研究

临床和动物实验研究，表明小柴胡汤、大柴胡汤、三黄泻心汤、六味地黄汤等均有较好防治脂肪肝的作用。小柴胡汤可抑制肝内脂肪沉积，并能抑制大鼠酒精性脂肪肝的发生，降低肝脏脂质过氧化损伤程度。大柴胡汤可抑制血清甘油三酯、磷脂、过氧化脂质的增加，并有抑制肝脏胆固醇异常堆积的作用。三黄泻心汤可降低血脂，与小柴胡汤合用，还可升高高密度脂蛋白胆固醇（HLD）和载脂蛋白A。六味地黄汤具有保肝作用，能促进肝脏解毒排泄功能，降低实验动物肝中脂肪含量，减轻脂肪变性。现代研制的治疗脂肪肝的中成药有当飞利肝宁胶囊，由当药（青叶胆、獐牙菜）和水飞蓟组成，功用保肝降脂，适用于非酒精性单纯性脂肪肝湿热内蕴者。降脂通络软胶囊主要成分为姜黄素，功能行气活血，使肝气条达，祛除肝脂质淤积从而达到治疗脂肪肝的目的，可显著改善患者的肝功、血脂及CT变化。血脂康由红曲发酵产物精制而成，富含多种天然他汀、氨基酸和不饱和脂肪酸，临床试验证实治疗脂肪肝与治疗前相比，B超声像图有明显改善。

具调脂作用的单味中药很多，常用的有大黄、山楂、泽泻、何首乌、茵陈、决明子、银杏叶、虎杖、蒲黄、姜黄、萆薢、水蛭、绞股蓝、女贞子、枸杞、三七、荷叶、菊花、黄芩、黄连、当归、川芎、灵芝、黄芪、人参、黄精、桑寄生、杜仲、桑葚、葛根、陈皮、法半夏等，包括活血化瘀、祛湿化痰、清热解毒、滋补药物等。单味中药降脂的机理有减少外源性脂质的吸收，减少内源性脂质的合成，调节脂质代谢，促进脂质的转运和排泄等。大多数中药的降脂是多环节、多靶点、多途径干预，毒性低，疗效确切，对脂肪肝伴有血脂增高的患者，在药证相合的基础上酌情选用，可以提高疗效。

（三）酒精性肝硬化治疗体会

肝脏是乙醇代谢的主要器官，摄入体内的乙醇氧化为乙醛，乙醛对肝细胞有直接的毒性作用，干扰线粒体的氧化磷酸化作用，产生超氧离子，并且乙醛可与肝细胞膜结合，形成新的抗原，刺激免疫系统，造成自身免疫反应，致使肝细胞反复发生脂肪变性、坏死、再生和胶原合成增加，由酒精性脂肪肝、酒精性肝炎，发展为酒精性肝纤维化、酒精性肝硬化。酒精性肝硬化临床疗效往往较差。

酒精性肝硬化属于中医学"酒癖""酒疸""酒臌"等范畴，病位在肝胆脾胃。酒为湿热之性，肝受酒邪，气机郁结，肝失条达，气滞血瘀，肝络瘀阻。肝木横逆犯脾，脾病则运化失职，湿浊凝聚，肝脾俱病，土壅木郁，郁而化热，熏蒸肝胆，胆汁不循常道，浸淫肌肤而发黄。湿浊凝聚成痰，阻塞气机，血行不畅，脉络壅塞，痰浊与气血聚而成块，是为积聚。肝肾同源，脾肾相助，进而波及于肾，肾阴或肾阳亏虚，开阖不利，水湿内停，气滞、血瘀、水聚而成臌胀。孙同郊教授治疗本病经验颇丰，体会如下：

（1）本病本虚标实，虚实夹杂，而以正虚为主，扶正是根本，祛邪是权宜之计，扶正应细察阴阳气血的虚损而治之。在临床中本病以肝肾阴虚和气血两虚尤为多见，这是由于肝为刚脏，体阴用阳，肝体受戕，肝阴受损而枯萎，又因酒为大辛大热之品，热耗气阴，故滋养肝肾之阴是常用之法，常用一贯煎、滋水清肝饮等为基础方。中药的性味与肝脏的功能亦密切相关，酸入肝，甘入脾，"酸苦涌泄为阴"，故本病常用白芍、五味子、首乌、山茱萸、山楂、乌梅等补肝阴实肝体。

（2）本病气滞血瘀为主要病理变化，活血化瘀应贯穿于治疗的始终。然而活血化瘀药多行散走窜，易耗血动血，为防止破泄太过，应采用活血兼补血、活血兼止血、化瘀而不伤正者，如当归、丹参、三七、赤芍、桃仁、丹皮、茜草、益母草、郁金等，特别对腹壁青筋暴露、手足红缕赤痕、食道静脉曲张、凝血功能低下者，更应用药少而精。

（3）酒性大辛大热，蕴伏体内，加上在病程发展中，体内的病理产物湿浊痰瘀等郁久可化热，故在治疗中常应体察湿热瘀毒的兼夹，余毒未尽，正气难复，常用清肝药有黄芩、栀子、茵陈、蒲公英、败酱草、白花蛇舌草等。

（4）本病除彻底戒酒外，西医治疗方法较少，常用还原型谷胱甘肽、多烯磷脂酰胆碱等减少肝细胞氧化应激性损伤、抑制脂质过氧化、减轻肝损害，补充维生素，输注人血白蛋白，补充营养，肝移植等。目前的研究已证实肝硬化并非静止不变，可进展或逆转，并非全是终末期。用中医学辨证和辨病相结合的方法介入本病的治疗，可以大大丰富本病的治疗措施，可多靶点、多层次地改善症状、改变预后，具有很大的潜力。

（四）肝硬化腹水辨治经验

肝硬化腹水是肝硬化晚期、失代偿期的表现，腹水是其主要临床特征，属于中医学"鼓胀"范畴。各种肝病，迁延不愈，日久均可发展为鼓胀。本病产生的原因虽多，但其基本病理变化都可归纳为肝、脾、肾三脏的虚损和气滞、血瘀、水停腹中的邪实两个方面，病理性质总属本虚标实。病机可简约归纳为以下几个要素：肝气郁结，脾气亏虚，水湿内停，湿热内蕴，肝络血瘀，肝肾阴虚，脾肾阳虚。由于受邪深浅的不同和个体差异等因素，不同病机要素的组合，产生本病的各种证候。本病肝体实质已受损害，正虚为本，邪实为标，其腹水起源于肝、脾、肾三脏虚损和功能失调，治疗若只见腹水胀急痞满而一味祛邪，则必然导致邪未去而正愈伤，往返徒劳，难以收效。故治疗虽需攻补兼施，但尤应时时注意以顾护和恢复肝、脾、肾三脏的功能为要。应益气健脾，气旺血行，气行水化。培补肾阳，温化水湿，柔养肝体，恢复肝的调节功能。孙同郊教授在临床中将本病归纳为以下四种证型：

1. 湿热内蕴证

本型以湿热内蕴为本病的主要病机要素，并伴有气滞血瘀、水聚脾虚等。症见：腹部胀满拒按，恶心不欲食，口干，口苦，尿少色黄，大便干或黏秽，舌红，苔黄腻，脉弦滑。治宜清化湿热、健脾和胃、行气利水。常用方剂：中满分消丸、茵陈四苓散加减。药物组成：厚朴、枳实、黄连、黄芩、半夏、干姜、陈皮、砂仁、茵陈、茯苓、猪苓、泽泻、白术、党参、炙甘草、姜黄、知母。方中厚朴、枳实疏肝开郁，消胀除满，黄连、黄芩清热燥湿，配半夏、干姜有泻心汤之意，辛开苦降以恢复脾胃升降功能。白术、茯苓、猪苓、泽泻淡渗利湿，使湿热从小便而去。陈皮、砂仁加强理气之力，姜黄行气活血，知母清热润燥，使燥利而不伤阴。党参、白术、炙甘草补气健脾以恢复脾的运化功能。有黄疸者加茵陈，金钱草等。肝功能不正常者加虎杖、蒲公英等。

此类方宜发气机，恢复升降，分利湿热，疗效确切，随症加减可获良效，而且既能祛邪又顾及脾胃，但毕竟祛邪重于扶正，故也应中病即止，不宜久用。

2. 脾虚水停证

本型以脾气亏虚、水湿内停为主要病机要素，兼有气滞血瘀等。症见：神疲乏力，脘闷纳差，腹胀大，尿少，便溏，舌淡或黯或有瘀点，苔白腻，脉沉弱。治宜健脾益气，行气活血利水。方用益气活血利水方（自拟方）。药物组成：黄芪、党参、白术、茯苓、山药、桂枝、猪苓、泽泻、木香、大腹皮、当归、丹参、益母草、炙甘草。方中黄芪、党参、白术、茯苓、山药健脾益气行气利水，五苓散温阳化气利水，大腹皮、木香行气消胀，当归、丹参、益母草养血活血利水。大便稀溏者加干姜，手足不温或畏寒肢冷者加附片。

已有实验证明，白术、茯苓、黄芪、当归等药物不但可升高白蛋白，改善低蛋白血症，而且还能减轻肝细胞坏死及变性，促进肝细胞再生，逆转肝纤维化等。

3. 脾肾阳虚水停证

本型以脾肾阳虚为主要病机要素，兼有气虚血瘀水停等。症见：腹大胀满，腹水严重，脘闷纳呆，畏寒肢冷，面色苍黄或白，神疲乏力，少气懒言，小便清白或夜尿频多，大便溏薄，下肢浮肿，腰膝酸软，舌质淡胖边有齿痕，苔白腻或滑，脉沉弱。治宜补肾助阳，温补肾气，助气化以利水消肿。方用济生肾气丸加减。药物组成：熟地、山药、山茱萸、茯苓、泽泻、附片、肉桂、车前子、牛膝、黄芪、白术、猪苓、丹参、益母草。方中熟地、山药、山茱萸补肾填精益精血，附片、肉桂助命门以温阳化气，茯苓、泽泻、白术、猪苓淡渗利水，车前子通利膀胱而利水，牛膝逐瘀通经，补肝肾而利水，丹参、益母草活血利水，黄芪益气利水。阳虚甚加淫羊藿、补骨脂、干姜，腹胀甚加大腹皮。

本方是在填精补髓的基础上温补肾阳，阴阳双补而以温阳为主，故特别适用于肝硬化肝体已萎缩的基础上的肾阳不足，使温而不燥，温肾阳而不伤肝阴。

4. 肝肾阴虚水停证

本型以肝肾阴虚为主要病机要素，兼有气虚血瘀水停等。症见：腹胀如鼓，甚至青筋暴露，形体消瘦，面色晦滞，口干，五心烦热，尿黄少，舌红或红绛，少津少苔，脉弦细。治宜滋肾柔肝，养阴益气，活血利水。方用养阴益气活血利水方（自拟方）。药物组成：北沙参、麦冬、女贞子、枸杞、生地、黄芪、楮实子、赤芍、丹参、益母草、鳖甲、茯苓、猪苓、泽泻。方中生地、沙参、麦冬滋阴养肝肾，黄芪益气利水，楮实子滋肾益阴，健脾利水，赤芍、丹参、泽兰、益母草活血利水，鳖甲既能滋肝肾之阴，又能软坚散结，茯苓、猪苓、泽泻淡渗利水。胁肋胀痛者加川楝子、炒麦芽。由于水为阴邪，易伤阳气，阴虚亦往往兼有阳虚，因此酌加菟丝子、肉苁蓉、巴戟天等。

本型治疗难度较大，因为养阴药大都有滋腻、碍水、滞湿的作用，而利水又可进一步耗伤阴液。此时应注意滋阴药味不能过多，分量不宜过大，而利水药则应为平淡性味，避免峻烈之品，甘草有引起水钠潴留的副作用，不用或少用。

（五）治疗原发性肝癌体会

原发性肝癌是常见的恶性肿瘤，大多由慢性乙型肝炎转化而来，酒精性肝硬化也是主要发病原因。饮食不节，长期进食含亚硝酸盐较多的食品，如腌菜、腌腊制品、霉变食物等也会诱发本病。此外，肿瘤的发生与机体免疫功能失调密切相关，先天或后天免疫功能失调，使机体防御机制下降，对突变的细胞监视不力，不能将其及时消灭，可导致肿瘤细胞的生长而发病。原发性肝癌起病隐匿，大多早期无症状，出现症状时往往已属中晚期。主要临床表现有：肝区疼痛、肝脏肿大、进行性消瘦、乏力、食欲不振、黄疸、发热等。病程短，病死率高。近年来由于甲胎蛋白（AFP）检测应用于普查，多种先进诊断和治疗方法的应用，以及中药治疗的参与，使本病预后大有好转，不仅生存质量得到改善，生存期亦明显延长。兹将孙同郊教授对本病的认识和治疗思路简述如下：

1. 病因病机

原发性肝癌可归属于中医学"积聚""肝积""癥瘕""肥气""鼓胀""黄疸""胁痛"等范畴，其病理性质为本虚标实，虚实夹杂，是在正气不足的基础上感受邪毒（疫毒），或饮食不节，情志失调等形成。正如《医宗必读》云："积之成者，正气不足，而后邪气踞之"。本病病位在肝、脾，与肾密切相关。脾胃虚弱在本病的发生发展中起到至关重要的作用，因脾胃为后天之本，气血生化之源，脾胃健运水谷精微得以灌注四旁，布散全身，滋养肝脏，则"四季脾旺不受邪"。若饮食不节、喜嗜烟酒等，伤及脾胃，脾失健运，气血乏源，则正不抵邪，邪毒攻伐，积于肝脏发为本病。肝气郁结在本病的发生发展中亦起重要作用。肝主疏泄，调畅全身气机，能使脏腑经络之气运行无阻。若气行受阻则水液代谢失常，聚而生痰，血行受阻则成血瘀，痰瘀胶结，导致积聚产生。肝郁日久，痰瘀化热化毒，痰瘀毒互结，而致变症丛生。此外，肝郁脾虚日久，可伤及肝阴或因邪热灼伤阴液，产生肝阴亏虚证。《难经》云："肝病传脾，脾当传肾"，肝癌日久，常病及于肾，导致肾精不足。如患者素体阴虚或由肝阴亏虚发展而来，则表现为肾阴不足。如患者素体阳虚，或由肾阴虚耗及肾阳，则主要表现为肾阳虚或肾阴阳失调，常见于终末期患者。

近年来对癌肿的病因又有新的认识，国医大师周仲英教授等提出肿瘤的癌毒新理论，认为癌毒是一种特殊的病因，应从其他病因中独立出来。癌毒的产生是一个漫长演变过程，在癌毒产生之前往往存在着脏腑功能的失调，气血阴阳的逆乱，气郁痰瘀等病理因素的蓄积，导致体内平衡状态被打破，诱导癌毒产生。癌毒必依附于痰、瘀、热等病理因素杂合而为病，与痰瘀搏结而成肿块。毒因邪而异性，邪因毒而鸱张。

2. 治则治法

辨证论治是肝癌治疗的主要手段，其辨证分型至今尚未统一，常见证型有肝郁脾虚、气滞血瘀、肝胆湿热、肝肾阴虚等。肝癌的治疗首当辨清标本虚实，正气亏虚当分清脾肝肾之所属，邪气内盛则应辨气滞、湿热、血瘀、癌毒之异，而分别采用相应的治法。由于肝癌常有多种病理因素交织共存，因果互动，往往需要多种治法综合应用，但应有主次的不同和把握好扶正与祛邪的力度，总应扶正而不滞邪，祛邪而不伤正。

（1）益气健脾，滋养肝肾以扶正

脾虚是肝癌发病的基础，调理脾胃对肝癌的治疗极为重要，而且贯穿于治疗的全过程。只有当脾胃功能恢复正常，气血生化有源，正气旺盛，才能祛除病邪，获得康复。调理脾胃的方法有益气健脾，运脾化湿，消食开胃等，常用处方有四君子汤、六君子汤、参苓白术散等。常用药物有黄芪、白术、茯苓、太子参、党参、薏苡仁、山药、白扁豆、灵芝、刺五加、红景天、鸡内金、焦三仙等。现代研究证明以健脾为基础的方药可增强机体免疫力，抑制肿瘤细胞生长、转移，其作用机制可能是通过调节肿瘤微环境中各个组分、细胞、因子等的平衡而实现的。

肝病日久必伤肝体，使肝阴不足，肝体变硬、缩小等。滋水能生木，能柔其刚悍之性，平其横逆之威，能促进切除的肝脏逐渐生长，故治肝癌应注意滋养肝阴或滋肾养肝，常用处方有一贯煎、二至丸、六味地黄丸、滋水清肝饮等。常用药物沙参、麦冬、生地黄、白芍、枸杞子、黄精、女贞子、桑萸、山茱萸、制何首乌等。有研究提示一贯煎联合经导管肝动脉栓塞术（TACE）治疗肝癌，能提高 TACE 的治疗效率，减少并发症及不良反应。二至丸有增强免疫、抗血栓形成、抗氧化、防衰老等作用。若病情进一步发展，阴损及阳，出现肾阴阳不足或肾阳虚证，可用桂附地黄丸或右归丸加减，或加用淫羊藿、肉苁蓉、杜仲、续断、补骨脂等温肾阳之品。实验研究补骨脂能增强免疫功能，升高白细胞数，能使小鼠肉瘤、艾氏腹水癌等癌细胞发生空泡，直至细胞萎缩及死亡。

（2）疏肝理气，清热解毒，化瘀祛痰，以毒攻毒以祛邪

疏肝理气也是治疗肝癌的常用方法。疏肝理气可助脾气运化，可理气以化痰湿，理气以化瘀血，理气以止肝区疼痛，从而促进肿瘤的抑制或消散。常用处方有逍遥散、柴胡疏肝散等，常用药物有柴胡、白芍、枳壳、香附、青皮、陈皮、大腹皮、八月札、莱菔子、川楝子、延胡索等。现代研究表明理气中药对多种肿瘤细胞有抑制作用，使癌细胞向正常细胞转化。有研究用逍遥散提取液可使胃癌 MGC-803 细胞凋亡、形态变化，凋亡率与药物作用时间及浓度相关。

热毒是肝癌发生发展的重要原因之一，由于感受湿热疫毒，或因肝郁化热，湿郁化热，临床上常见火毒与肝癌并见，特别是中晚期肝癌，常伴肝区灼热疼痛，口苦，黄疸，烦热等，清热解毒法是治疗肿瘤最常用法则之一，大多数情况下与其他治法合并应用。常用的抗肝癌清热解毒药有白花蛇舌草、半枝莲、茵陈、蒲公英、虎杖、重楼、半边莲、夏枯草、白毛夏枯草、漏芦、山慈菇、肿节风、猫爪草、藤梨根、龙葵、栀子、冬凌草等。大多数药物是通过其较强的抗癌活性，抑制肿瘤细胞的核酸和蛋白质合成，从而抑制肿瘤的生长。如重楼能清热解毒、消肿止痛、凉肝定惊，其提取物通过导致肝癌细胞的变性坏死，从而发挥抗肿瘤作用。由于清热解毒药多为苦寒之品，久服易伤脾胃，故脾胃虚弱者常需配伍健脾和胃之品。对正在接受放化疗者，尽量选用作用平和之品，避免大苦大寒者。

痰浊和瘀血既是肿瘤的病理产物，也是致病因素，《丹溪心法》云："痰挟瘀血，遂成窠囊"。痰瘀互结是肿瘤发生发展的重要环节，在肝癌治疗中应重视化痰祛瘀以散结块。已有基础研究发现，化痰药物可以影响癌细胞表面

黏附因子的表达，改善肿瘤组织微环境，从而抑制肿瘤生长和侵袭转移。治疗肝癌常用化痰药有僵蚕、胆南星、山慈菇、猫爪草、泽漆、牡蛎、贝母、瓜蒌、半夏等。肝病最易致血脉失畅，血瘀证涉及的血液高凝状态也是肿瘤复发和转移的基础。常用活血化瘀药有当归、赤芍、川芎、桃仁、红花、丹参、三七、炮山甲、莪术、土鳖虫、石见穿、丹皮、大黄等。许多化痰活血药兼有软坚散结的作用，如土鳖虫破血逐瘀、消癥散结，《本草通玄》曰："能破一切血积"。莪术破坚消癥、破血祛瘀，临床及实验研究证实有抗癌作用。石见穿多糖对肝癌细胞的增殖有抑制作用。猫爪草能解毒化痰散结，动物试验对小鼠 S180、S37、EC 等肿瘤株有抑制作用。胆南星的水提醇沉制剂对多种癌细胞有抑制作用。由于肝癌病机中热毒内蕴易迫血妄行，脾气虚弱又易脾不统血，现代医学也证明肝癌患者多合并有凝血功能低下，因此在使用活血化瘀、软坚散结类药物时，应避免出血的发生，应根据患者瘀血症状的程度，选择适当的药物，用药不宜过多，用量不宜过重。

癌毒是中医肿瘤学中特殊的病理因素，是形成毒瘤的关键病因。癌毒使患者剧烈疼痛，顽固性发热，食欲不振，体质消耗，用常规的清热解毒、祛瘀活血法难以根除癌毒。根据"以毒攻毒"的传统理论，采用有毒性的中药治疗恶性肿瘤，已有不少成功的经验，对肝癌的治疗也得到了认可。肝癌常用的攻毒药物有壁虎、蜈蚣、全蝎、土鳖虫、露蜂房、蟾皮、斑蝥、雷公藤等。其中蟾皮、斑蝥、雷公藤有大毒，应用不慎易致中毒，现已有复方制剂用于临床。壁虎归肝经，含马蜂毒类物质及组胺类成分，可抑制肿瘤细胞生长。蜈蚣归肝经，走窜之力最速，内而脏腑，外而经络，可抑制肿瘤细胞生长，兼有增强免疫力的功能。全蝎主入肝经，性善走窜，能解毒而散积，并有良好的通络止痛、息风止痉作用。蝎尾提取物对多种肿瘤细胞有抑制作用。土鳖虫，归肝经，破血逐瘀，现代研究有抑制肿瘤细胞增殖及抗肿瘤血管生成的作用。露蜂房归胃、肝经，能攻毒杀虫止痛，对肿瘤有一定控制作用，体外试验能抑制人肝癌细胞的生长。临床应用有毒药物时，应在辨证的基础上，结合有毒药物的兼有作用，选择应用其 2~3 味，药量不宜过重，同时应兼顾病人脾胃功能，适当配合健脾益气之品，注意祛邪而不伤正。

（3）中西医密切配合治疗

由于肝癌的隐匿性、凶险性、扩散性等特点，肿瘤的治疗仅依靠中医药是不科学的。孙同郊教授认为，中医药必须与西医药共同治疗，中西医有机配合，才可获得较好效果。但绝不是中西医治疗的简单叠加，而应当是有机的配合。例如在放化疗期间或手术后，可用中药减少毒副反应或扶助正气，增加免疫力。在手术切除病瘤后，可用中药扶正并继续清除余邪，使祛邪务净，尽可能延长稳定期，减少复发和转移。又如在患者失去手术、放化疗指征时，则用中医辨证和辨病相结合，用扶正祛邪、以毒攻毒等药物维持和改善患者的病情，改善患者生活质量，延长生存期，达到带瘤生存的目的。总之，中西医结合治疗不是简单的叠加，而是优势互补。

（六）慢性胃炎辨治体会

慢性胃炎是常见的多发病，以上中腹部不适、饱胀、钝痛、烧灼痛为主要临床表现，或可伴有嗳气、泛酸、恶心等消化不良症状。从胃镜所见和组织病理改变，分为慢性非萎缩性胃炎和萎缩性胃炎，发病原因可能与各种理化因子的刺激和幽门螺杆菌感染有关。慢性非萎缩性胃炎的病变主要是胃黏膜充血、水肿、糜烂，慢性萎缩性胃炎一部分由慢性非萎缩性胃炎反复发作转变而来，少部分可能与自身免疫有关，其病理变化主要为胃黏膜变薄，腺体萎缩。萎缩性胃炎伴有肠上皮化生或异形增生称为胃癌前病变。中医学辨证与辨病相结合治疗本病有较好疗效。

本病属于中医学"胃痛""胃痞""吞酸""嘈杂"等范畴。病因主要有外邪犯胃、情志失调、饮食不节、脾胃素虚及药物损伤等。病位在脾、胃，与肝肾密切相关。脾胃主运化水谷精微，脾主升，胃主降。脾胃虚则升降失调，使清阳不升，浊阴不降，则出现腹胀、纳呆、呕吐、泄泻等症状。土虚必致木乘，肝木克土，而可出现腹满和胀痛，攻撑连胁，嗳气频繁，矢气后觉舒，或呕吐酸水等症状。又由于恣食辛辣，饮烈性酒或情志失调等，或邪郁日久化热，热邪犯胃而表现为胃脘疼痛、烧灼感或口干口苦、嘈杂易饥、泛酸、舌红苔黄等。随着病情的进一步发展，脾胃气虚伤阳，邪热灼津伤阴，而可转化为脾阳虚或胃阴虚。脾阳虚则见畏寒肢冷、胃痛绵绵、喜温喜按、泛吐清水等。胃阴虚则见胃部隐隐灼痛，口燥咽干，干呕呃逆，大便干结，舌红少苔。由于胃为多气多血之腑，疾病初期病变多在气分，病延日久则深入血分，而致瘀阻胃络，出现胃脘胀痛或刺痛，痛处不移，入夜尤甚，舌质紫黯，舌下脉络显露等血瘀征象。总观本病的主要病机是脾胃亏虚，湿热阻滞，气滞血瘀，邪毒阻络。在本病的治疗中，孙同郊教授有如下体会：

1. 遵循"治中焦如衡，非平不安"的治则

脾胃同居中焦，互为表里，脾为太阴属寒，胃为阳明属热，脾主升，胃主降，脾喜燥恶湿，胃喜润恶燥，两者相反相成，协调配合，共同完成腐熟水谷、运化精微、滋养全身组织器官的功能活动。脾胃有病，治疗就当分清各种病理因素的孰轻孰重，孰多孰少，平调其阴阳、气血、寒热的偏颇。"非平不安"，常需寒温并用，补泻兼施，升降同调，润燥兼顾，药量亦不宜过重。慢性胃炎是常见的脾胃病，治疗当遵循此原则。

2. 寒热并用祛湿热

湿热阻滞是慢性胃炎的主要病机，湿为阴邪，热为阳邪，临床症状常错综复杂，单纯寒证或热证甚少。既可见胃脘灼痛，痛势急剧、喜凉恶热、吐酸嘈杂、尿黄便干之热，又可见得温痛减，喜热饮，口不渴，吐清涎，大便溏之寒，舌红或淡，苔黄腻或白腻。治当分清湿热的轻重，湿宜温化，热宜清泻。清热常用黄连、黄芩、蒲公英、败酱草、银花、连翘等，温化常用高良姜、苍术、干姜、吴茱萸、桂枝等。辛开苦降法是在寒热并用原则下的一个重要治法，既清热除湿又调节升降，对本病十分适合。经典方半夏泻心汤随证加减，治疗本病十分常用，此外常用左金丸、黄连温胆汤、橘皮竹茹汤等。

3. 疏肝理气调升降

脾主升，胃主降，升清才能降浊，脾胃升降失司，清浊不分，壅滞中焦，则见胃脘胀痛，痞满纳呆，嗳气反酸，胸闷呕恶等。治宜疏肝理气，疏肝以运脾，疏肝以和胃，疏肝以降逆，疏肝消痞止痛。常用方剂有四逆散、柴胡疏肝散等。也常用理气和胃的加味香苏饮，此方为已故国医大师董建华教授

的经验方,由紫苏梗、香附、陈皮、荜澄茄、枳壳、大腹皮、香橼、佛手组成,功能理气和胃降逆,临床屡用屡效。

4. 健脾益气助脾运

脾胃虚弱是本病的根本原因,健脾可以促脾运,扶正可以祛邪,常用四君子汤、六君子汤、参苓白术散等加减。脾虚易被湿困,症见纳食不馨,口黏,苔腻等,治宜芳香化浊以健脾,药用藿香、佩兰、薏苡仁、砂仁、厚朴等。脾虚日久,损伤脾阳,脾阳根于肾,又当温阳补肾,常用干姜、桂枝、肉桂、杜仲、补骨脂等,以补充脾运化的动力。

5. 滋养胃阴固胃体

由于个体的差异,受邪的不同,慢性胃炎正气亏虚有以胃阴虚为主者,症见胃脘隐隐灼痛,嘈杂似饥而不欲食,口干咽燥,大便干结,舌红少津,脉弦细等,治宜养阴益胃,在养阴益胃的基础上辅以祛邪,常用益胃汤、沙参麦冬汤等加减。

6. 活血化瘀通胃络

慢性胃炎日久,气滞血瘀,久病必瘀,瘀血停于胃络,不通则痛,症见胃脘刺痛拒按,痛有定处,食少消瘦,舌紫黯有瘀斑,脉涩等。治宜活血化瘀,常用当归、川芎、赤芍、丹参、桃仁、红花、莪术等,方用失笑散、丹参饮等加减。

7. 化浊解毒通络防恶变

慢性胃炎发展至胃癌前病变是一个由气入血入络的复杂过程,是由脾胃亏虚日久,湿热痰瘀等邪积久化毒,阻滞脉络,进一步损伤胃黏膜所致。治疗应当辨证与辨病相结合,在扶助正气的基础上辅以化浊解毒通络,根据邪毒性质的不同选用适当药物,阻止癌前细胞的增殖和突变。化瘀通络选用当归、桃仁、丹参、川芎、莪术、石见穿等,化痰通络用胆南星、半夏、陈皮、瓜蒌、山慈菇等,祛湿通络用薏苡仁、茯苓、藿香、佩兰、苏梗等,清热解毒用白花蛇舌草、半枝莲、蒲公英、黄连、黄芩、藤梨根、龙葵等，络积成块用三棱、莪术、土鳖虫、九香虫等，重度肠上皮化生用全蝎、蜈蚣、僵蚕等。

（七）骨质疏松症治疗经验

骨质疏松症是老年人的常见病，由于骨皮质变薄，骨小梁减少，骨密度降低，呈现腰背、四肢酸软疼痛，不耐劳作，不能久站等临床表现。严重者常并发脊柱压缩性骨折，或髋、肋、腕等其他部位的骨折，造成驼背、身体短缩等体态异常，严重影响患者的生活质量。本病分原发性和继发性两类，原发性多由于妇女绝经后、男子老龄后性激素缺乏所致，继发性则由内分泌疾病、肾病、肝病等引起。本病西医治疗以补充性激素、钙剂、降钙素、维生素 D 等为主，疗效不甚满意，中医药治疗有助于骨功能的恢复，是中医治疗的优势病种之一。

本病属中医学"骨痿""骨痹""腰痛""虚劳"等范畴，病机与肾、肝、脾三脏虚损有关，尤以肾虚为发病的主因。《内经》云："骨者髓之府""肾主骨""髓足则骨强"。由于各种原因，导致肾气、阴、阳的不足，影响骨髓生成，而致骨质疏松，骨脆无力。其次与肝的阴血不足亦有关。《临证指南医案》云："女子以肝为先天"，《素问·阴阳应象大论》云："年四十而阴气自半也，起居衰矣"。肝主筋，肾主骨，肝肾同源，母子相生，精血互换。肝血衰少，可致精虚，精虚则髓枯、筋燥，而致骨痿。本病与脾胃功能虚弱亦密切相关。脾主运化水谷，为气血生化之源，主肌肉四肢，为后天之本，肾为先天之本，先天与后天相互资生，相互促进，脾胃虚弱可影响肾的生髓养骨，而致骨质疏松。此外，血瘀是肾、肝、脾功能失常后的病理产物，同时又可作为病因影响骨质的代谢。瘀血存在于经络脏腑，不仅使骨质失去营养而身痛，而且瘀血不去，新血难生，影响骨质的新生而使骨质更加疏松。

治疗应谨守病机，以补肾为主，辅以活血化瘀、疏肝解郁、益气健脾养血等。

1. 补肾填精、强筋壮骨是主要治法

肾藏精，主骨生髓，肾精不足是引起本病的主要原因。"精不足者，补之

以味"，故治疗应补肾填精。肾精化肾气，肾气分阴阳，虽同为肾精不足，由于禀赋差异和生活环境等不同，不同的个体，可以产生不同的症状。阳性体质者往往出现肾阴亏虚的症状，阴性体质者往往出现肾阳虚的症状。骨质疏松症肾阴虚证，表现为腰背肢体酸楚疼痛，消瘦乏力，头晕目眩，五心烦热，舌痿微红，苔黄，脉沉细数等，治宜滋补肾阴，常用左归丸、六味地黄丸为基础方，随证加减。骨质疏松肾阳虚证，表现为腰背或四肢骨节冷痛，关节僵硬，畏寒喜温，神疲懒言，舌淡胖，苔白滑，脉沉弱等，治宜温补肾阳，常用右归丸或金匮肾气丸随证加减。对阴阳偏颇不明显的患者，则可用地黄饮子或龟鹿二仙胶为基础方随证加减。

在以上补肾精的基础上还应加用强筋壮骨之品，如杜仲、牛膝、桑寄生、淫羊藿、补骨脂、骨碎补、狗脊等。强筋壮骨之品不仅可以增强疗效，还可以减缓补精、味厚类药物腻胃的弊端。

2. 辅以活血化瘀，疏肝解郁，益气养血

瘀血与肾精亏虚常同时存在。由于本病多见于中老年人，病程漫长，久病入络，久病多瘀。瘀血阻滞气血的运行，而致不通则痛，痛处固定。瘀血还影响骨的营养和骨的代谢而致形体羸瘦、肌肤甲错、舌有瘀斑等，治宜活血化瘀，常用当归、赤芍、川芎、桃仁、红花、三七、乳香、没药等。瘀血不去新血不生，以通为补也。

临床发现骨质疏松症常伴有不同程度的肝气郁结，肝郁来自患者对疾病的悲观、恐惧和对躯体症状的顾虑，甚至有的患者伴发抑郁症。肝气郁结还可加快骨质疏松的进程。治宜疏肝解郁，常用柴胡、香附、郁金、玫瑰花、合欢皮、青皮等。肝气条达后还可使肝藏血功能正常，有助于肾藏精功能的恢复。

脾肾相互资生，肾精不足影响脾胃运化功能而致面色苍白、倦怠乏力、纳差、腹胀、气血衰少等。治宜健脾益气养血，常用药有黄芪、党参、太子参、白术、茯苓、当归、白芍、鸡血藤、十全大补汤等。

（八）慢性腰腿痛治疗体会

慢性腰腿痛是以一侧或两侧腰部或腰腿部疼痛为主要临床表现的一组病

证。可由腰肌劳损、腰腿部风湿、腰椎间盘突出等多种疾病引起，疼痛性质有隐痛、刺痛、放射痛或剧痛，常伴有腰腿无力、僵硬、麻木、不能自理生活等。每因劳累过度、气候变化、体位不当等因素而加重。

腰腿痛属于中医学"痹症"范畴，病因有外感和内伤两个方面。外感多由于人体卫阳不足，腠理不固，风、寒、湿、热等外邪乘虚入侵，闭阻经络，气血运行失畅而致。《素问·痹论》曰："风寒湿三气杂至，合而为痹也，其风气胜者为行痹，寒气胜者为痛痹，湿气胜者为着痹也。"内因多由肝肾不足、脾失健运、气血亏虚所致。腰为肾之府，肾主骨生髓，肝主筋，脾主四肢肌肉。肾精亏虚则腰背失养，肝血不足则筋脉失润，脾气虚弱则肌肉失荣，均可因虚致痛。此外又常因虚致实，而致虚实夹杂。在肝肾亏虚、脾失健运的情况下必使气血津液运化失调而生痰生湿，痰湿留滞经络而致气滞血瘀。气、血、痰三者又可相互胶结为患，使脉络闭塞不通，不通则痛。故本病既有"不通则痛"，又有"不荣则痛"，使病情缠绵难愈。

本病本虚标实，治疗应分清虚实。治本以培补肝肾，益气养血为主，祛邪以通经活络，祛除外邪，活血祛瘀，通经散结为主。常用治法如下：

1. 以气血虚为主者，常用黄芪桂枝五物汤加减

本病多因素体营卫气血不足，又或受风寒湿外邪，使血行涩滞不畅，肌肤失于濡养所致。症见腰腿肌肤麻木不仁，伴酸胀疼痛，微恶风寒，气短乏力，舌淡，脉沉微涩。治疗常用黄芪桂枝五物汤加减。方中黄芪甘温益气，生姜、桂枝通阳行滞，白芍和营理血。芍药甘草汤柔肝缓急止痛。全方益气温经，和血通痹。常加当归、鸡血藤养血活血，赤芍、丹参、川芎活血化瘀，改善腰腿部血循环，杜仲、牛膝、桑寄生补肝肾、壮筋骨，威灵仙祛风湿、通络止痛，独活、羌活、防风驱散风寒湿外邪。

2. 以肝肾不足为主者，常用独活寄生汤加减

肾主骨，肝主筋，肝肾同源，共养筋骨。肝肾不足、气血两亏则筋骨失养，风寒湿三气杂至而致病。症见腰腿冷痛酸软，腿足屈伸不利，痹着不仁，畏寒喜温，头晕耳鸣，舌淡苔白，脉细弱。治疗常用独活寄生汤加减。方中

杜仲、牛膝、桑寄生补肝肾强筋骨，当归、白芍、川芎、地黄补血活血，人参、茯苓、甘草益气健脾，独活、细辛、防风、桂心祛风散寒除湿。诸药合用扶正祛邪，标本同治，使肝肾得补，气血得充，风寒湿邪俱去，则久痹可愈。腰痛如折者加狗脊、续断、菟丝子壮腰健骨，剧痛彻骨者加干姜、附片、肉桂，加强温经祛寒之力，关节肿胀加苡仁、苍术。若出现关节红肿灼痛，为风寒湿邪郁久化热，酌加赤芍、丹参、知母、黄柏，寒湿并用而仍以温药为主。已有实验研究证实独活寄生汤有抗炎镇痛，增强免疫功能，抑制血小板聚集等作用。

3. 邪气深入经络骨骱而成顽痹，常用痹通汤加减

"久病多虚""久病多瘀""久痛入络""久必及肾"，此时邪气痰瘀互结，深入经络骨骱，血气为邪所闭，不得通行而痛甚。症见腰腿痛久治不愈，疼痛剧烈难忍，转侧不利，行动困难，痛点固定不移，甚或骨骼变形肿胀，气血亏虚，舌淡有瘀斑，脉沉弱。痹通汤出自已故国医大师朱良春教授，由当归、鸡血藤、威灵仙、土鳖虫、僵蚕、乌梢蛇、地龙、蜂房、甘草等九味组成。方中当归、鸡血藤补益气血，威灵仙宣滞通壅止痛，蜂房固本壮肾、温煦肾阳，土鳖虫、乌梢蛇、地龙、僵蚕等虫类药搜剔化瘀通络。此方攻补兼施，方中虫类药较多，虫类药为血肉有情之品，性善攻逐走窜，其搜剔疏利之力，非草木矿石类所能比拟，能深入经络骨骱，扫除脏腑气血痰瘀胶结之邪，效果佳良。临床上用此方随证加减获得较好疗效。常加黄芪补益气血，杜仲、牛膝、骨碎补、补骨脂强腰壮骨，白芍、甘草柔肝缓急止痛，羌活、独活祛风除湿，海风藤、络石藤祛风通络。

（九）黄褐斑治疗体会

黄褐斑为颜面部皮肤出现淡褐色或褐色色素沉着的一种皮肤病，多见于中青年女性。斑块好发于额、颊、发际等部位，大小不一，形状不规则，严重影响美容。本病发生原因较复杂，情志失调、妊娠、月经不调、口服避孕药、光线刺激、或机体内存在某种慢性病等，均可导致本病发生。发病机制与内分泌失调有关，当体内雌激素和孕激素增多时，刺激黑色素细胞使黑色

素分泌增加，形成色素沉着斑。

本病属中医学"黧黑斑""面尘""肝斑"范畴，发病与肝、脾、肾三脏功能失常相关。多由于情志不遂，肝失条达，气血不畅，气滞则血瘀成斑；或因饮食不节，损及脾胃，气血生化失常，气血不能上荣润泽面部而成斑；或由于冲任失调，肝肾亏虚，肾阴不足，则肝失肾水滋养而失条达，肾阳不足则阴寒内盛，气血不得温煦而滞涩不畅，均可使气血悖逆而致病。

根据中医"有斑必有瘀，无瘀不成斑""不荣则斑""治斑不离血"等古训，治疗多在辨证论治的基础上，调理肝、脾、肾的气血阴阳，并将活血化瘀，补养气血的治法，贯穿于治疗的始末，两者结合使气血调达，面部荣华有光泽而黧黑自消。孙同郊教授常用治法如下：

1. 疏肝解郁、养血健脾、活血化瘀消斑

用于肝郁血虚脾弱证。症见黄褐斑伴有情志不遂，精神抑郁，烦躁易怒，神疲食少，头昏目眩，或月经不调。舌淡红，苔薄白，脉弦细。治疗宜疏肝解郁、养血健脾、活血化瘀。常用逍遥散加太子参、郁金、香附、丹参、川芎、桃仁、赤芍等。方中柴胡、郁金、香附疏肝解郁，使肝郁得以条达，当归、白芍养血和血，木郁则土衰，故以太子参、白术、茯苓、炙甘草健脾益气，赤芍、川芎、桃仁、丹参活血化瘀。使肝郁得疏，血虚得养，脾弱得健，瘀斑得消。

2. 益气健脾渗湿、活血化瘀消斑

用于黄褐斑脾虚夹湿证。症见黄褐斑伴有形体消瘦，气短乏力，面色萎黄，饮食不消化，食后腹胀，便溏，舌淡苔白腻，脉虚缓。治疗宜益气健脾渗湿、活血化瘀。常用参苓白术散加黄芪、桂枝、当归、鸡血藤、川芎、桃仁等。参苓白术散加黄芪健脾益气渗湿，增强脾胃运化功能，使气血生化有源，机体得以濡养，桂枝温通经脉助运，当归、鸡血藤、川芎、桃仁、香附养血活血，行气化瘀消斑。

3. 填精滋阴、补肾养肝、活血化瘀消斑

用于黄褐斑肝肾阴虚证。症见黄褐斑伴有头昏目眩，视物昏花，腰膝酸

软，手足心热，口燥咽干，失眠多梦，月经不调，舌质红，苔少，脉细。肾阴又称元阴，是人体阴液之根本，肾阴亏虚使精不化气，精不化血，可使月经异常，若精亏不能上荣面部，或阴不制阳，虚火上炎，熏灼面部，血热滞结，则发生黄褐斑。治疗宜填精滋阴、补肾养肝、活血化瘀。常用六味地黄丸合二至丸加菟丝子、巴戟天、当归、川芎、桃仁、红花等。方中生地、山药、山茱萸滋阴填精益髓，女贞子、墨旱莲补肾养肝，菟丝子、巴戟天阳中求阴，使阴得阳助而源泉不绝。丹皮清热凉血，当归、鸡血藤、川芎、桃仁、红花养血活血化瘀消斑。

4. 补肾阳、坚肾阴、调冲任、活血消斑

用于黄褐斑肾阳虚证。症见黄褐斑伴腰膝冷痛，畏寒肢冷，夜尿频多，月经不调，体倦乏力，时有面部烘热，舌淡胖，苔白，脉沉弱。治疗宜补肾阳、坚肾阴、调冲任、活血。常用二仙汤加熟地黄、山茱萸、菟丝子、杜仲、赤芍、川芎、桃仁等。方中淫羊藿、仙茅、巴戟天滋补肾阳，当归温润养血调理冲任。由于肾阴阳互根，肾阳虚可致相火妄动，故用知母、黄柏泻火而滋肾阴，加熟地、山茱萸、菟丝子、杜仲填精补髓壮腰，川芎、赤芍、桃仁活血消斑。

（十）对引火归元法的认识

引火归元法是中医特色治法之一，引火归元的"火"是"相火""命门之火""龙雷之火""真阳""浮火"，此火潜于肾水之中，为阳根，为生气之源。《素问·天元纪大论》云："君火以明，相火以位"。张景岳解释说："君火居上，为日之明，以昭天道，故于人也属心，而神明出焉，相火居下，为原泉之温，以生养万物，故于人也属肾，而元阳蓄焉。"叶天士《临证指南医案》云："肝为风木之脏，因有相火内寄，体阴而用阳。"相火与君火相配，君火以明，相火以位，则心肾相交，水火相济，故火不上热而水不下寒，共同维持人体的气化运动功能。

肾为水火之宅，内寄真阴、真阳（相火），阴阳互根，相火只有潜藏在真水之中（相火在位），才能发挥肾阳温煦以化生元气的作用。若肾阴虚，水浅

不养龙，阳无所依，相火无以安位，则燔灼于上，而产生火不归元；或因肾阳虚，水寒不藏龙亦产生火不归元。故历代医家将火不归元分为水浅、水寒两类，水浅则出现虚热（阴虚阳亢），水寒则出现假热（浮火）（真寒假热），治疗均应导龙归海，引火归元。水浅不养龙，龙火离位上升，则宜大补肾水，壮水之主以制阳光，并加少许温阳药于滋阴药中，以导龙归海。水寒不藏龙，浮火上扰，则宜益火之源以消阴翳，用温肾阳药暖水祛寒，引火归元。引火归元法是一种用温热药治疗龙火上燔的方法，属于以热治热的从治法，根本目的是引火入水，恢复肾阴阳平衡。在使用引火归元治法中，孙同郊教授有如下体会。

1. 应用广泛，疗效确切

临床上因肾阴或肾阳亏虚，使虚阳上炎而导致的内科、妇科内伤杂病十分多见，如复发性口疮、顽固性牙龈肿痛、舌衄、反复发作的痤疮、多汗盗汗、顽固性失眠、三叉神经痛、白塞氏病、干燥综合征、高血压病、中风先兆、红斑狼疮、围绝经期综合征等，治疗应分清虚火上炎的原因，是水浅不养龙或水寒不藏龙，分别给予滋阴或温阳，并用温药引火下行，并结合兼症治疗，往往可以获得显著疗效。阴虚（水浅）火升的临床表现往往伴有腰酸疲乏、头昏耳鸣、口干咽痛、两颧潮红，或面目生火，五心烦热，午后潮热，舌红少苔或无苔，脉细数无力等，治应滋阴壮水加少量温药以引火归元。常用六味地黄丸、知柏地黄丸加肉桂、牛膝或用引火汤（由熟地黄、麦冬、五味子、茯苓、巴戟天组成）等随症加减治疗。阳虚（水寒）火浮者，临床表现往往寒热错杂，上热下寒，常见腰膝酸软，形寒肢冷，面色㿠白或潮红，发热或自觉发热反欲盖衣被，口渴而不思饮或喜热饮，咽痛而不红肿，便秘而便质不燥或下利清谷，小便清长，口淡，苔白，脉浮大而数，按之无力，治疗以温肾阳为主。常用金匮肾气丸、潜阳封髓丹（由附片、细辛、肉桂、炙龟板、砂仁、黄柏、炙甘草组成）等随证加减治疗。

2. 水寒阳浮不应拘泥于戴阳证或格阳证

水寒不藏龙，格阳于外所致的戴阳证或格阳证，是在肾阳严重亏虚时出现的危重证候，需积极抢救。常用参附汤、四逆汤、通脉四逆汤、白通汤等，回阳救逆，挽救生命，属于引火归元法治疗范围的重症，且因危重症病机常较复杂，常需要多种治法合用，或中西医结合治疗。戴阳证和格阳证仅是水寒阳浮病机的一种表现，不应拘泥于此。随着肾阳亏虚程度的不同和患者体质的差异，水寒阳浮病机还可出现在多种疾病，可有多种轻重不等的症状，临床上有时还见到肾阳微虚者即出现虚火上浮的口疮、痤疮等症状。

3. 滋肾阴和温肾阳需密切配合

《景岳全书》曰："阴阳原同一气，火为水之主，水即火之源，水火原不相离也"，"阴根于阳，阳根于阴"，水浅和水寒两种不同的虚阳上浮，实质上都是由于肾阴肾阳虚损和失去平衡所引起，所以需要既补肾阴又补肾阳。阴虚火升者，需要在大量滋水的同时，加用少量温阳药，使少火升腾，才能上浮克制上焦之火，并引火下行。阳虚火浮时，在大剂温阳药中，加用熟地、山茱萸、麦冬等滋阴潜纳之品，才能使附片、肉桂、干姜等辛热之品，安居于下，其目的都是恢复阴阳平衡，达到阴平阳秘。

4. 引火归元与祛邪扶正同施

肾阴阳虚损易感受外邪，又易致停痰留饮、生瘀化毒。又因肾与脾密切相关，两脏相互资生，相互依存，肾阳亏虚，命门火衰，必致脾阳虚衰，肾阴亏虚必致脾阴亏虚。治疗必须标本兼顾，扶正祛邪同施。故应在辨证的基础上，在引火归元的同时，给予祛痰逐水，化瘀解毒，或用理中汤、六君子汤加减温运脾阳，用益胃汤、沙参麦冬汤加减滋助脾阴，方能达到阴阳平衡的目的。

5. 关于引火归元药物

附片、肉桂是经典引火归元药物，细辛、干姜亦很常用。此类药物辛温燥热，助阳力强，用之得当，往往可以立竿见效。但因体质有差异，病情有轻重，还须选用更多其他引火归元药物。常用的如牛膝，走而能补，性善下行。《医学衷中参西录》云："牛膝原为补益之品，而善行气血下注，是以用药欲其下行者，恒以之为引经"。又如桂枝，《本经疏证》云："其用之道有六：

曰和营，曰通阳，曰利水，曰下气，曰行瘀，曰补中"。《药证》云："桂枝，主治冲逆也"。此外，温肾药如淫羊藿、巴戟天、肉苁蓉、桑寄生、杜仲等，温而兼润，均有助阳的作用，而无肾中干燥之虞，亦有助于引火归元。又如潜藏之品如磁石、牡蛎、龙骨等，加在温肾药中，亦可起到引火归元的作用。

（十一）治疗急性痛风性关节炎体会

痛风性关节炎是由于机体嘌呤类物质代谢异常，导致尿酸盐产生过多和（或）排泄减少，使尿酸盐浓度超过机体正常范围，沉积于骨关节而诱发的一种晶体性关节炎。该病易反复发作，若不及时控制，迁延日久，可产生痛风石，破坏关节和损伤肾脏。本病多发于中老年男性，近年发病率逐年增高并趋于年轻化。

本病属于中医学"痹证""历节""湿热痹"等范畴，病机根源于脾。"脾胃者，仓廪之官，五味出焉""五脏六腑皆禀气于脾"，脾主运化，为气血生化之源，脾将水谷转化为精微转运至全身，四肢百骸依赖气血的营养得以"筋骨隆盛，肌肉满壮"。若先天脾胃亏虚，或后天饮食失节，导致脾胃受损，运化失司，津液不能正常敷布，聚生湿浊，湿浊郁久化热，热灼津液为痰，痰热蕴毒，阻滞经脉，气血运行不畅，而致血瘀。又因适遇劳累，感受外邪，饮酒，过食高蛋白、高嘌呤食物等诱发而病。浊热瘀毒等流注关节，使局部红肿热痛，活动受限，是为痛风性关节炎急性期。随着湿浊瘀毒逐渐消退，关节红肿疼痛消失，是为缓解期。治疗目的是及时控制邪毒，恢复脾胃运化功能，防止或减少发作，防止痛风石形成及其对骨关节和肾脏的损害。治疗常用方法如下：

1. 泄浊解毒、凉血活血、通络止痛——急性期治疗

起病急骤，多于午夜或清晨突发小关节红肿热痛，以单侧足部第一跖趾关节受累最多见。疼痛剧烈如火燎，如刀割，局部皮肤红肿灼痛，拒按，肢体困重，关节活动受限。无全身症状或兼微发热，汗出，口渴不欲饮，心烦，尿赤，便干等，舌红，苔黄腻，脉滑数。治当急则治其标，泄浊、解毒、清热、活血以祛邪，常用方为加味四妙散。常用药有苍术、黄柏、薏苡仁、牛

膝、赤芍、牡丹皮、生地、土茯苓、络石藤、山慈菇、车前子、桂枝。方中四妙散清热利湿除痹，治湿热下注；生地黄、赤芍、牡丹皮凉血活血化瘀清血中伏火；土茯苓解毒利湿疏关节；山慈菇清热解毒、消痈散结。现代研究发现山慈菇鳞茎含有秋水仙碱和秋水仙酰胺，能干扰吞噬尿酸盐的白细胞趋化性，减少炎性因子释放，缓解痛风临床症状。络石藤祛风通络、凉血消肿；车前子利水清热，促进尿酸盐排出；桂枝辛温，温经通络，助气化行水、利小便，并佐制他药的寒凉。剧痛不止者，加全蝎、僵蚕等虫类药，搜刮深入骨骱的痰瘀；体温升高，加金银花、败酱草等疏风清热解毒，热甚伤阴加麦冬、玄参滋养阴液。

2. 疏肝健脾兼泄浊祛瘀——缓解期治疗

急性期症状得到控制后，患者关节已无红肿疼痛，周身已无明显不适，或有体胖，易疲乏，痰涎壅盛、尿黄、便溏等，舌苔腻，微黄，脉沉，血中尿酸盐检测增多。治疗应促进或恢复脾胃运化功能，兼清余邪。常用方为柴芍六君子汤加减。常用药物有柴胡、白芍、枳壳、党参、炒白术、茯苓、陈皮、法半夏、郁金、丹参、土茯苓、泽泻、黄芩、炙甘草等。方中六君子汤益气健脾、燥湿化痰；柴胡升发阳气、疏肝解郁、助脾运化；白芍敛阴养血柔肝，使柴胡疏肝而无伤肝阴之弊；枳壳理气导滞泄浊；郁金、丹参行气活血祛瘀；土茯苓、泽泻清热利湿泄浊；痰瘀郁久易化热，故加黄芩清泄郁热；炙甘草调和诸药并有健脾益气之功。临床上随症加减运用本方，有一定的降低血中尿酸盐的作用。

3. 生活调理

适当调节生活方式和饮食习惯是痛风性关节炎治疗的基础，要求患者禁烟酒，进低嘌呤和低蛋白饮食，多进食新鲜蔬菜，多饮水，保持理想体重，并且要持之以恒。

如此序贯治疗和良好的生活习惯可减少痛风性关节炎的反复发作，避免慢性痛风性关节炎和痛风石、痛风肾的产生。

（十二）慢性阻塞性肺疾病治疗体会

慢性阻塞性肺疾病（COPD）是多发病、常见病，是一种具有气流受阻、不完全可逆特征的疾病。该病呈进行性发展，与肺部对烟草、烟雾等有害气体或有害颗粒的异常反应有关，主要临床表现为咳嗽、咯痰、呼吸困难，分为稳定期和急性加重期。稳定期是慢性炎症持续存在的主要原因，急性加重期是由外邪、内伤等因素急剧发展的结果。据统计目前我国本病总体发病率为 8.2%，男性和女性分别为 12.4% 和 5.1%，急性加重是死亡的主要因素，据世界卫生组织数据，慢性阻塞性肺疾病是全球第三大疾病死亡原因。本病属于中医学"咳嗽""喘证""肺胀"等范畴，是中医治疗的优势病种之一。

1. 对病因病机的认识

本病病位在肺，而与脾、肾、心等脏密切相关。肺为娇脏，居上焦而合皮毛，易感受外邪，使上焦气壅，失于肃降，而致咳、闭、累，胸部胀闷，日久肺气虚损，损及气阴，导致气阴两虚；肺主一身之气，肺气肃降失常，可致脾气受困，脾气亦虚，脾失健运则聚湿生痰。两脏互相影响，"子盗母气"或"土不生金"，使病情迁延难愈，气壅和痰湿均可阻滞经络，导致血行不畅而成瘀；肺与肾亦相互滋生，称为"金水相生"，肺津敷布以滋肾，肾精上滋以养肺，肺主生气，肾主纳气，肺为气之主，肾为气之根，肺壅导致肾精不足，精不化气，下不上交，发为喘息，且因水津代谢失常而使痰瘀阻滞更甚。又因气虚，可以及阳，阴虚可以损阳，而使肾阴阳均亏虚；肺心同居上焦，肺主呼吸心主血脉，均赖宗气推动，肺病及心，可因肺气不足使心行血不畅，而产生明显的心悸和血瘀症。综上可见本病虚实夹杂，本虚标实，虚是肺、脾、肾、心的气、阴、阳亏虚，因本病慢性发展迁延日久，久必及肾，肾为气之根，故尤以肾的阴阳亏虚最重要；实邪为气、瘀、痰、湿的阻滞和外邪入侵等，而尤以痰瘀最为顽固难除。本病的稳定期属本虚为主，邪实为副，但痰瘀等危险因素仍然存在，急性加重期则邪实明显增加，正虚被掩盖，但仍持续存在，外邪入侵是急性加重的重要因素，两期往来反复而使病情愈重。

2. 治疗体会

孙同郊教授认为治疗当分稳定期和急性加重期分治。

（1）稳定期的治疗

本期正虚为主，邪实为副，治疗当扶正为主，祛邪为辅。由于此时痰瘀等因素虽不严重，但仍稽留难除，故不仅需要对症治疗，还应治其本病。稳定期中医治疗优势甚多，在整体观和辨证论治思想指导下，中医治疗不仅能减缓症状，还能通过燮理阴阳、调和气血以改善体质，提高免疫力，提高生活质量，延长稳定期，减少急性复发加重的发生等。本期症状较多，因体质差异，受邪深浅不同而有不同表现，常见的如肺气虚、脾肺气虚、肺肾阴虚、肺肾气阴两虚等。孙同郊教授在临床实践中发现，本病常存在肺脾肾同病，即临床多见肺脾肾气阴阳同虚，兼痰瘀，简称肺脾肾虚兼痰瘀证，并自拟固本止咳化痰汤，有较好疗效，兹简述于下。

固本止咳化痰汤

组成：黄芪 30 g　　党参 15 g　　麦冬 15 g　　五味子 10 g
　　　淫羊藿 15 g　　山茱萸 15 g　　炒白术 10 g　　杏仁 10 g
　　　桔梗 10 g　　瓜蒌壳 15 g　　赤芍 15 g　　丹参 15 g
　　　枳壳 10 g　　炙甘草 6 g

功用：补肝健脾，兼止咳化痰、活血化瘀。

方解：方中黄芪善补肺气，益卫固表，麦冬养阴润肺，淫羊藿温润壮阳，三者共为君药。党参、白术健脾益气，山茱萸补益肾精，孕补阴阳，五味子敛肺滋肾定喘止咳，杏仁降肺气止咳平喘，桔梗宣肺祛痰利咽，桔梗与杏仁相配，一升一降，调节肺气宣发与肃降，瓜蒌壳清肺化痰利气宽胸，赤芍、丹参清热活血化瘀，以上九味共为臣药，枳壳理气化痰除胸部满闷，炙甘草调和诸药且能补脾益气，二者共为佐使。

主治：慢性阻塞性肺疾病之肺脾肾虚兼痰瘀证。临床见慢性咳嗽、喘息、气短，动则尤甚，胸闷不舒，痰少或痰黏稠不易咯出，神疲乏力，纳食欠佳，口干咽燥，腰膝酸软，如手足心发热或畏寒喜湿，或耳鸣头晕，舌淡或有瘀斑，苔薄白，脉沉弱。

加减化裁：咳甚加浙贝母、桑白皮、百部、紫菀、冬花。喘甚加紫苏子、地龙。痰多加竹茹、清半夏。咯痰不爽加北沙参、百合。瘀甚加桃仁、当归。若肺脾气虚症甚，表现为纳食明显不良，食后胃脘痞胀，大便溏，痰多而清稀，去麦冬、枳壳，加陈皮、茯苓、姜半夏，即六君子汤意，或改用六君子汤随证加减。若肺肾阴虚为主，表现为口干咽燥，手足心热，潮热，舌红少苔脉细，淫羊藿减量或去除，加百合、玄参，或改用百合固金汤并随症加减。若肾气亏虚为主，表现为肾不纳气，呼多吸少，气不持续，动则喘甚，腰膝酸软，乏力，声音低怯，舌淡胖有齿痕，苔白润或滑，脉沉弱，加熟地、肉桂，或改用金匮肾气丸为主方，并随证加减。

（2）急性加重期的治疗

急性加重期常因外邪入侵而发生，已有较多研究表明，此期治疗在常规西药治疗基础上加用中药，可以显著提高疗效，明显缩短疗程，减少并发症，改善肺通气功能，降低病死率。本期病机以邪实为主，治疗应急则治标，邪实主要有痰热湿瘀风寒等，常见症候有风寒袭肺，外寒内饮，痰热壅肺，痰湿阻肺，痰蒙神窍等。在临床实践中我们认为痰瘀阻肺及其转化为主要病理，自拟加味导痰汤，以此为基础方随证加减治疗本期具有较好疗效。

加味导痰汤

组成：陈皮 10 g　　法半夏 12 g　　茯苓 15 g　　枳壳 10 g
　　　胆南星 12 g　　赤芍 15 g　　　丹参 15 g　　浙贝母 15 g
　　　瓜蒌壳 15 g　　炙甘草 6 g

功用：燥湿祛痰，行气化瘀，止咳平喘。

方解：胆南星、法半夏燥湿祛痰，痰随气逆，故用陈皮理气调中，枳实降泄肺气，使痰随气降，茯苓淡渗利水健脾，以除生痰之源，赤芍、丹参活血化瘀，浙贝母清热化痰，止咳散结，瓜蒌壳清热涤痰，宽胸理气，炙甘草调和诸药，和中缓急。

主治：慢性阻塞性肺疾病之痰瘀阻肺，喘息痰嗽证。临床见咳嗽、咳痰、气短和喘息加重，痰量增多，黏稠或胶性，胸满闷塞，胸盈仰息，口黏，食少，舌淡有瘀斑，或舌下脉络暗红，苔腻，脉滑或濡。

加减化裁：痰鸣喘息不得卧，加葶苈子、射干，咳甚加杏仁、桑白皮，喘甚加苏子、地龙，痰稠不易咯出加知母、麦冬，胸闷加厚朴，面色紫黯加桃仁、红花、莪术。若为痰热蕴肺，症见痰多色黄，黏稠不易咯出，口渴喜冷饮，或体温升高，大便秘结，舌红，苔黄或黄腻，脉滑数，酌加黄连、黄芩、栀子清热解毒，或用石膏、知母清热凉血降体温，生大黄通腑泄热。若为痰湿阻肺，症见痰多，质清稀或泡沫状，口黏腻，纳呆或食少，舌淡苔白腻，脉滑多由于中阳不振，水湿停滞，可合用三子养亲汤，温化痰湿，降气泄浊。若外感风寒未尽，症见鼻塞流涕，肢体酸楚，苔白脉浮，酌加麻黄、桂枝、苏叶、荆芥等。

（十三）治疗抑郁症的思路

抑郁症是常见病，由多种原因引起。情志内伤是发病的主要因素，表现为心境低落，思维迟钝，认知能力损伤，意志活动减退。多数患者还伴有自厌，症状严重者可导致自杀。随着社会环境的改变，工作压力的加大，发病率有逐年上升的趋势。抑郁症与抑郁情绪不同，抑郁情绪只是遇到不良事件时暂时抑郁不愉、烦闷。而抑郁症的情绪低落是持久的常态现象，让人难以理解，与处境不相称，而且现在医学已证明患者有神经生化因子的改变，如脑内单胺类 5-羟色胺（5-HT）、去甲肾上腺素、多巴胺、生长激素抑制剂等异常。抑郁症的治疗应及时，早期治疗常能痊愈。治疗分心理治疗和药物治疗，心理治疗以理解、鼓励、解除心结为主。由于抗抑郁的西药一般有或轻或重的副作用，故中医药治疗的及早介入十分必要，而且会产生意想不到的疗效。本病属中医学"郁证""百合病""脏躁""梅核气""癫狂"等范畴，中医郁证有"因病而郁"和"因郁而病"，前者称为广义的"郁"，即各种病均可有郁，而本病属于后者是因郁而病。

1. 对病因病机的认识

抑郁症是由情志不舒，气机郁滞所致，以心情抑郁，情绪不宁，胸部满闷，胁肋胀满，或易怒易喜为主症。《医碥》曰："百病皆生于郁，……郁而不舒则皆肝木之病矣"，故病位主要在肝，并与脾、心、肾等脏的损害密切相关。

肝主疏泄，主谋虑，藏魂，长期情志不遂，使肝气郁结导致情志抑郁，闷闷不乐，易怒；肝气横逆犯脾，肝脾不和，脾主运化藏意，在志为思，脾失健运，则纳差腹胀，气血生化不足，痰浊内生，思虑过度等症。肝郁化火，灼伤心阴，心藏神，"神不足则悲"，伴有心悸、心慌、失眠，心阳不振而胸闷气短等，肝肾同源，肝病反肾，肾主骨生髓，脑为髓海，在志为恐，恐则气下，出现腰膝酸痛，软弱无力，肾水不能上交于心，则潮热、盗汗、手足心热，肾阳不足则阳气不能鼓动精神而疲惫乏力、兴趣缺失、肢冷畏寒等。综上可见，本病起源于肝病不舒，进而引起脾、心、肾等脏的阴阳气血失调，病情由实而虚实夹杂而虚，临床表现多端，而以肝郁气滞证、肝郁脾虚证、肝郁痰阻证、心脾两虚证、心肾不交证最为多见。

2. 治疗体会

本病主要治疗原则是疏肝解郁，常需贯穿于治疗始终。

（1）肝气郁结证

症见持续性忧愁伤感，情绪低落，思维迟钝，言行滞缓，自我评价过低，睡眠障碍、失眠或思睡，悲观厌世，或焦虑易激动，伴有胸胁胀满，善太息，口干苦，舌边尖红，脉弦。治宜疏肝理气解郁，常用柴胡疏肝散合升降散加减。常用药物有柴胡、白芍、枳壳、香附、川芎、陈皮、蝉蜕、僵蚕、姜黄、大黄、生牡蛎、生龙骨、甘草。方中柴胡疏肝散疏肝理气，行气解郁，升降散升清降浊，调畅气机，两方合用有较强解郁作用。加生牡蛎重镇安神，调整睡眠。

已有较多实验研究表明，柴胡疏肝散治疗抑郁症的机制具有多靶点、多层面的特点，可以提高脑内单胺类神经递质含量，修复应激导致的海马神经元损伤，逆转下丘脑-垂体-肾上腺轴（HPA）功能亢进等。

（2）肝郁脾虚证

症见持续性忧愁伤感，情绪低落，思维迟钝，言行滞缓，自我评价过低，失眠或思睡，悲观厌世，或焦虑易激动，伴有倦怠乏力，形体消瘦，气短懒言，纳差便溏，舌体偏胖，有齿痕，舌质淡，苔白，脉弦细。治宜疏肝健脾解郁，常用逍遥散加减。常用药物有柴胡、当归、白芍、炒白术、茯苓、薄荷、香附、合欢皮、首乌藤等。方中逍遥散疏肝解郁，养血健脾，合欢皮解郁安神，首乌藤养血安神。若烦躁焦虑，加丹皮、栀子疏肝清热；纳少，加炒麦芽、炒谷芽，气短乏力，加黄芪、党参。

（3）肝郁痰阻证

症见持续性忧愁伤感，情绪低落，思维迟钝，言行滞缓，自我评价过低，思睡易醒，悲观厌世，或焦虑激动，伴有头重目眩，肢体沉重，脘腹胀满，咽中有梗阻感，泛吐痰涎，恶心纳差，大便不爽，舌质淡，苔厚腻，脉弦滑。治宜疏肝解郁、化痰泄浊，常用半夏厚朴汤合四逆散加减。常用药物有法半夏、厚朴、茯苓、苏叶、柴胡、白芍、枳壳、石菖蒲、郁金、炙远志、炙甘草等。方中半夏厚朴汤行气散结，降逆化痰，四逆疏散肝理气，石菖蒲开窍豁痰、醒神益智，炙远志安神益智、祛痰，郁金行气解郁。

（4）心脾两虚证

症见持续性忧愁伤感，情绪低落，思维迟钝，言行滞缓，自我评价过低，失眠或思睡，悲观厌世，或焦虑易激动，伴有面色不华，心悸怔忡，动则气短，多梦纳差，腹胀便溏，舌质淡，舌体胖，脉沉细无力。治宜健脾养心，解郁安神，常用归脾汤加减。常用药物有黄芪、党参、炒白术、当归、茯苓、炙远志、酸枣仁、木香、郁金、合欢皮、首乌藤、桂枝、炙甘草。方中归脾汤健脾养心，加郁金助木香疏肝行气，合欢皮、首乌藤助酸枣仁安眠宁心，加桂枝少许鼓舞气血生长之效。

（5）心肾不交证

症见持续慢性忧愁伤感，情绪低落，思维迟钝，言行滞缓，自我评价过低，睡眠障碍，悲观厌世，伴有心悸健忘，心烦失眠，惊悸多梦，头昏眩、耳鸣，腰膝酸软，咽干少津，五心烦热，潮热盗汗，舌红少津，脉细数等心肾阴虚症，或有腰部下肢酸困，畏寒，怕冷，舌淡胖，苔白滑，脉沉细弱等心肾阳虚症。治宜补益心肾，调节阴阳，兼解郁安神，常用知柏地黄汤加减。常用药物有知母、黄柏、生地、山药、山茱萸、淫羊藿、巴戟天、百合、麦冬、香附、郁金、酸枣仁、首乌藤等。抑郁症日久累及心肾，心肾亏虚不能正常互济，本方滋心阴、降虚火，使心气充足而下降，补肾阴、壮肾阳、化肾气而上济，酌加香附、郁金疏肝行气，酸枣仁、首乌藤宁心助眠，并随证加减。若气血亏虚加黄芪、人参、当归等，纳食不馨加炒麦芽、炒谷芽等。

三、孙同郊辨治肝硬化诊疗方案（"十一五"科技支撑计划课题成果）

（一）病证名

1. 中医病证名：积聚、鼓胀
2. 西医病名（国际 ICD-10 编码）：肝硬化（K74.644）

（二）辨证分型与诊断要点

1. 病因病机

肝硬化属中医学"积聚""鼓胀"范畴。肝藏血、主疏泄、喜条达，肝的功能与气血运行密切相关。临床常见肝炎肝硬化、酒精性肝硬化等。肝炎病毒属祖国医学"疫毒"范畴，为湿热之性；酒亦为湿热之性。

孙同郊教授认为，湿热入侵，阻遏气机，肝气郁结，病久入络，导致肝血瘀阻；肝病传脾，可致肝郁脾虚，脾主运化，为气血生化之源，脾虚失运，气滞血瘀，可促使胁下包块形成，而成积聚。气滞血瘀，脉络滞塞，则血行不利化而为水；脾虚则不能化生气血、输布精微以濡养脏腑，脾失运化，斡旋无力，则水湿停聚腹中；终因瘀血水邪停聚中焦，清浊相混而成鼓胀；肝脾久病及肾，肾为水脏，肾失开阖，水道不利，则鼓胀愈甚。故湿热阻滞是肝炎肝硬化的根本病因，正虚血瘀是本病基本病机，久病不愈，可致肝脾肾阴阳俱虚。

故本病病位在肝，涉及脾、肾。病理机制总属本虚标实、虚实错杂，肝脾肾亏虚为本，气滞血瘀水停为标。

2. 辨证分型

孙同郊教授认为，本病的辨证，应分清受损的脏腑部位和病情的正虚和邪实。邪实以湿热内蕴、肝郁气滞、瘀血阻络、水湿内停为主。正虚以脾虚、气阴两虚、肝肾阴虚、脾肾阳虚为主。由于病程冗长，病机繁杂，正虚邪实和血瘀湿热等常不能截然分开，往往虚中有实，实中有虚，因此治疗应在遵循基本治法的基础上，根据邪正主次而随证加减用药。

总结数十年临床经验，孙同郊教授把本病主要分为湿热蕴结，水湿内停证；脾气虚血瘀证；肝肾阴虚血瘀证。

3. 证候诊断特征

通过整理分析，最终形成辨证标准如下：

（1）湿热蕴结，水湿内停证

主症：腹大坚满，脘腹撑急。

次症：神疲乏力，纳呆，双下肢浮肿，或有身、目黄染，口干，口苦，小便黄少，大便秘结或便溏不爽。

舌脉象：舌红苔黄腻，脉弦滑。

（2）脾气虚血瘀证

主症：倦怠乏力，脘闷，纳差便溏。

次症：面色灰黯或萎黄，皮肤有红丝赤缕，胁下积块，胁肋刺痛。

舌脉象：舌质淡或胖或有瘀点，苔薄腻，脉沉弱。

（3）肝肾阴虚血瘀证

主症：头晕目眩，右胁隐痛，腰酸腿软，口干。

次症：形体消瘦，疲乏无力，不耐劳累，失眠多梦，眼干涩，耳鸣，或有低热，胁下积块，胁肋隐痛。

舌脉象：舌红绛少津、少苔，脉虚弦。

（三）治则治法

1. "湿热蕴结，水湿内停证"治法——清热利湿，利水退黄，行气活血

肝硬化大多由慢性肝炎发展所致。孙老认为，慢性肝炎病性属本虚标实。湿热是本病的始动因素。湿热相互为患，湿得热而益深，热得湿而愈炽，愈久而愈藏。湿热除由外入侵外，尚可在疾病发展过程中因脏腑功能失调而继续滋生。湿热特性缠绵难除，多不能一役以收全功，祛之未尽又复再生，故

湿热常存在于本病的全过程。湿热阻滞，可致肝气郁滞，气滞又可导致血瘀。肝病及脾导致脾虚，运化功能失常，水湿停聚腹中而成鼓胀。或因湿热阻滞，胆汁运行不循常道而症见黄疸。因此，孙同郊教授确立湿热内蕴证治法为清热利湿、行气活血、利水退黄，创立了加味茵陈四苓汤。

2. "脾气虚血瘀证"治法——益气活血，软坚散结

肝藏血、主疏泄、喜条达，肝的功能与气血运行密切相关，湿热入侵，阻遏气机，肝气郁结，病久入络，导致肝血瘀阻；肝病传脾，可致肝郁脾虚，脾主运化，为气血生化之源，脾虚失运，气滞血瘀，可促使胁下包块形成；故气虚血瘀是慢性肝病常见的证候，治宜益气活血，软坚散结，创立了益气活血汤。

3. "肝肾阴虚血瘀证"治法——滋养肝肾，活血化瘀

肝为刚脏，主藏血，体阴而用阳。慢性肝炎常因湿热疫毒之邪久留于肝脏，损伤肝体，影响肝用；或由于在治疗过程中，过用理气、渗湿、化瘀之品耗气伤津，加之热为阳邪，最易耗气伤阴（血），可直接耗伤阴血，造成肝体失养，肝用失常，甚至子病及母，导致肝肾阴虚、阴虚邪恋之候，阴越伤则病越重，阴血不足则肝失濡润，筋脉失养，以致出现胁肋隐痛、心烦失眠、头晕目眩、眼目干涩、舌红绛少苔、口干少津、不耐劳累等症状。因此，孙同郊教授认为，肝阴血不足是慢性肝炎迁移不愈的重要因素，又是肝病发展的必然结果。论治肝病需顺其体用之性，重视安正祛邪，注重柔肝养阴，顺其功而悦其性，以恢复肝的疏泄和藏血功能。在肝炎肝硬化阶段，见有肝阴不足的现象，应及早应用柔肝养阴药，此可阻止病情发展或缩短病程。治疗立滋养肝肾，活血化瘀之法，创立养阴益气活血利水汤。

（四）方药组成与加减原则

1. 湿热内蕴证基本处方——加味茵陈四苓汤

（1）组成

茵陈 30 g	白术 15 g	茯苓 15 g	猪苓 15 g
泽泻 15 g	大腹皮 15 g	陈皮 10 g	赤芍 15 g

丹参 15 g　　　　泽兰 15 g　　　　金钱草 15 g　　　　蒲公英 15 g

白花蛇舌草 15 g　甘草 3 g

（2）方解

本方主治湿热内蕴所致的肝炎肝硬化腹水。方中茵陈清热利湿，白术、茯苓、猪苓、泽泻健脾淡渗利水，赤芍、丹参、泽兰、益母草凉血活血利水，大腹皮、陈皮行气利水，金钱草、蒲公英、白花蛇舌草清热解毒除湿，甘草调和诸药。

（3）加减

兼脾虚，见脘闷纳呆，神疲，便溏，下肢浮肿等，加黄芪、党参、山药、黄精等。

兼阴虚，见腹胀，面色晦滞，口干而燥，舌质红少津，苔少或光剥，加旱莲草、女贞子、枸杞子、楮实子等。

瘀血甚，见面色晦暗黧黑，胁下癥结痛如针刺，或见赤丝红缕，口干不欲饮，舌质紫暗或有紫斑，加益母草、茜草、桃仁等。

水湿甚，腹大如鼓，下肢浮肿，小便短少，加桑白皮、白茅根、车钱子、佛手等行气利水；或加桂枝通阳化气利水。

湿热明显，症见烦热口苦，或有面目皮肤黄染，大便秘结或溏垢，舌质红，苔白腻或黄腻，加败酱草、虎杖、薏苡仁、滑石等清热利湿。

肝脾肿大，胁下可扪及包块，加鳖甲、牡蛎、穿山甲、莪术、桃仁等软坚散结。

2. 脾气虚血瘀证基本处方——益气活血汤

（1）组成

黄芪 15～30 g　　白术 10 g　　　茯苓 10 g　　　薏苡仁 15 g

山药 15 g　　　　赤芍 15 g　　　丹参 15 g　　　当归 10 g

郁金 15 g　　　　泽兰 15 g　　　桃仁 10 g　　　鳖甲 15 g

甘草 3 g

（2）方解

方中重用黄芪补脾益气为主药，气旺以促血行，配白术、茯苓、薏苡仁、山药健脾助黄芪以益气，且可培土以护肝木，丹参、赤芍、当归养血活血，郁金行血中之气，泽兰、桃仁活血祛瘀，鳖甲咸寒入肝脾，软坚散结，均为辅药，甘草调和诸药。

（3）加减

腹泻，加葛根、白扁豆；肝区隐痛或不适，加柴胡、白芍、香附、佛手。

湿热余邪未尽伴有口干、口苦、苔黄腻，酌加茵陈、虎杖、蒲公英、黄芩、白花蛇舌草。

瘀血症明显、肝脾肿大，加土鳖虫、穿山甲、王不留行。

腹水或下肢浮肿，加大腹皮、白茅根、车前子、益母草。

气虚及阳脾肾阳虚，出现面部黧黑畏寒肢冷，加巴戟天、肉苁蓉、淫羊藿、菟丝子。

气虚及阴气阴两虚，伴口干潮热，加太子参、麦冬、黄精、北沙参、女贞子、枸杞子等。

3. 肝肾阴虚血瘀证基本处方——养阴益气活血利水汤

（1）组成

生地黄 15 g	山药 15 g	山茱萸 15 g	枸杞子 15 g
女贞子 15 g	黄芪 15 g	黄精 15 g	当归 10 g
丹参 15 g	赤芍 15 g	泽兰 15 g	鳖甲 15 g
佛手 10 g	炒麦芽 15 g	五味子 15 g	

（2）方解

生地黄、山药、山茱萸、枸杞子、女贞子平补肝、脾、肾阴为主药，尤以滋肝肾阴为主，当归、赤芍、丹参、丹皮养血凉血活血为辅，泽兰活血利水，鳖甲软坚散结，五味子酸甘化阴，黄芪益气以助阴，黄精益气养阴，佛手、炒麦芽行气和胃，柔中兼疏，使养阴而无碍胃之弊。

（3）加减

胁痛明显，加郁金、川楝子；便溏，加葛根；神疲乏力，加太子参、白术；纳差，加神曲、鸡内金；腹水或下肢浮肿，加枳实子、猪苓、益母草、路路通；口苦苔黄为湿热余邪未尽，加茵陈、虎杖、蒲公英；肝脾肿大显著，加生牡蛎、土鳖虫；阴虚日久，阴损及阳，阴阳两虚，出现畏寒、肢冷、便溏等，加用淫羊藿、巴戟天、菟丝子、肉苁蓉、续断、桑寄生、制附片等。

（五）疗　程

3个月为一疗程。随访6个月。

（六）疗效评价的指标体系

1. 有效性的评价

（1）疾病的疗效评价指标：并发症发生率、病死率，肝癌发生率；肝功能；HBV-DNA定量、乙肝"两对半"、HCV-RNA定量、丙肝抗体；AFP；腹部B超。

（2）证候的疗效评价指标：中医四诊资料分级量化表（参照"十一五"国家中医药管理局重点专科肝病协作组"积聚"验证方案）。

（3）生活质量评价：SF-36生存质量表。

2. 安全性的评价

治疗前后进行三大常规、心电图、肾功能检查。并如实记录所有不良事件及严重不良事件。

实验室检查包括：

（1）血常规，包括：红细胞计数、白细胞计数及分类、血红蛋白、血小板计数；

（2）尿常规，包括：pH值、蛋白质、尿糖、红细胞、白细胞；

（3）大便常规，包括：性状、潜血试验。

肾功检查包括血尿素氮（BUN）、血肌酐（Cr）。

3. 疗效判定标准

（1）中医证候判定标准

① 显效：临床症状、体征明显改善，证候积分减少≥70%。

② 有效：临床症状、体征均有好转，证候积分减少≥30%。

③ 无效：临床症状、体征无明显改善，甚或加重，证候积分减少<30%。

④ 加重：临床症状、体征均有加重，证候积分减少<0。

（2）实验室指标、影像学指标判定标准

① 显效：肝功能复常或明显改善，B超示门静脉内径正常、脾脏缩小；

② 有效：肝功能改善，B超检查前后对比，肝脾情况改善；

③ 无效：肝功能无改善，B超检查前后对比，肝脾情况无改善；

④ 加重：肝功能、B超检查情况恶化。

6. 其他判定标准

疗程内及随访期内原发性肝癌发生率。

学术思想

川派中医药名家系列丛书

孙同郊

一、和调思想

中国的传统文化包含着丰富的"合和"思想,"合和"是中华民族所追求的一种目标和境界。"合",合理也,"和",冲和也。"冲"古通"中",即"中和"也,而"冲"更有运动之义。"合和"即合作与和谐,中国传统文化认为物质世界是运动的、多元的,而自然界的事物都是在运动中寻找协同与和谐。中医学植根于中国的传统文化,也强调阴阳的冲和,认为使机体保持或恢复相对的动态平衡,达到"阴平阳秘"状态,是保持精力充沛、体魄强健、健康无病的关键。在中医基础理论的学习和临床实践中,孙同郊教授深刻体会到"中和"在认识和治疗疾病中的重要性。因此将此作为信守的目标,建立起诊治疾病的"和调"理念。"和"即和谐,"调"即调整。"和调思想"认为治病的目标,主要是调整人体阴阳气血的偏盛偏衰,使各脏腑功能协调配合,达到新的动态平衡。现将其主要内容简述于下。

(一)整体观和阴阳五行学说是和调思想的理论基础

中医学认为,人体是一个统一的有机体,五脏一体,形神一体,脏腑、经络、五官、九窍、四肢、百骸虽都有着各自的功能,但它们在生理上相互联系,协调平衡,在病理上相互影响。疾病是由于外在或内生的邪气破坏了机体的平衡,使机体产生偏盛偏衰,治疗的目的主要是调整人体整体阴阳气血的偏盛偏衰,使之达到新的平衡。阴阳学说认为人体不离阴阳,阴阳之间相互制约、互根互用,保持着动态平衡。"阴平阳秘,精神乃治""阴阳乖戾,疾病乃起""谨察阴阳所在而调之,以平为期",是诊治疾病的主要方法。五行学说以五脏为核心的藏象系统中认为各脏腑以生克制化保持着动态平衡,当五行中某一行太强或太弱的时候,会出现"乘""侮"等非正常现象而出现病理状态,"亢则害,承乃制,制则生化"。张介宾《类经图翼·运气上》曰:"盖运化之机不可无生,亦不可无制,无生则发育无由,无制则亢而为害"。由此可见,中医学将阴阳五行的动态平衡失调作为对病因病机的根本认识,调节人体阴阳五行平衡为治疗原则。

（二）恢复自稳调节功能是和调思想的治疗原则

中医学对生命的认识，源于古代哲学"气"的范畴，又从医学角度对哲学层面的"气"作了发展，认识到人体内存在正气，"正气存内，邪不可干""邪之所凑，其气必虚"。正气是在母体中就逐渐产生的，属于禀赋或体质因素，又受后天的养护和生存条件的影响而发展，不同个体具有个体差异和强弱不同的正气。正气具有强大的、复杂的自稳调节功能。气在机体内不断升降出入，周流全身，生生不息。在自然环境或内外各种因素的影响下，正气有防御和抗邪能力，调节和维持着人体阴阳气血、脏腑经络有序的正常活动，是人体生、长、壮、老、已的根本。但人体正气的自稳调节功能也有一定的局限性，当内外各种刺激因素超过了自稳极限时，或太过或不及，就会使脏腑、经络等功能失调，而致疾病产生。因此，健康就是这种功能正常，能够维稳，而疾病就是自稳调节功能受到损害而失序失稳，病证就是自稳调节功能失常所引起的各种症状。在以上认识的指导下，孙同郊教授认为，治疗疾病应当用和调的方法，恢复机体的自稳状态，根据人体正常有序平衡的需要，调其升降出入，疏通气血、令其调达，或调节脏腑功能达到阴阳平衡等，具有以人为本的特点。祛邪扶正是常用的调整自稳功能的治法，应祛邪而不伤正，扶正而不滞邪，以达到正气自稳、功能恢复为目标。在临床上常见终末期疾病或年老体衰者，由于自稳功能缺失，病情反复或不能承受治疗，已不能治愈，所以常以恢复自稳为目标，即既要祛邪又要扶正，而以扶正为主。

（三）和调思想指导下的重要治法

1. 重视健运脾胃

《内经》曰："脾胃者，仓廪之官，五味出焉""五脏皆禀气于脾"。脾主运化，胃主受纳，脾胃为气血生化之源，后天之本，脾胃化生之气血营养周身，使脏腑得养，从而维持着正常的生命活动，"脾胃一伤，四脏皆无生气""人之胃气受伤，则虚证蜂起"。脾胃为后天之本，可以充养先天，所以许多疾病的治疗都应从顾护脾胃入手。

健运脾胃是治疗疾病的常用治法，外感或内伤湿邪，脾为湿困，使清阳不升，浊阴不降，而致头身困重，渴不欲饮，泛恶欲吐等，治宜化湿浊助脾运，常用炒白术、茯苓、砂仁、白豆蔻、藿香、佩兰、薏苡仁等。脾主升，胃主降，寒湿及湿热阻滞脾胃气机，而致胃脘痞闷，腹胀腹痛，嗳腐吞酸，腹泻或便秘等，治宜寒温并调，辛开苦降，恢复脾胃升降功能，常用黄连、黄芩、干姜、半夏、吴茱萸等。脾胃运化需赖阳气的温运，肾中命火是脾胃运化的动力源泉，脾阳不足而致纳差、疲乏、腹胀便溏等，治宜温助脾肾之阳，常用桂枝、肉桂、干姜、附片等。脾胃属土，肝属木，木土关系密切，"木郁克土""土壅木郁"，疏肝可运脾，常用柴胡、香附、郁金、枳壳、青皮、陈皮等。脾胃虚弱则五脏六腑失其充养，易致虚损，补脾益气常用黄芪、党参、太子参、炒白术、茯苓、山药等。

2. 重视燮理肾中阴阳

肾为水火之宅，元阴元阳之府，是全身阴阳之本源，五脏六腑阴阳的盛衰均影响肾的阴阳，所谓"久病及肾""穷必及肾"。凡阳虚之证，无论卫阳、心阳、脾阳虚，治疗都应适当温补肾阳。凡阴虚之证，无论心、肺、肝、脾之阴虚，治疗当据证滋补肾阴。

孙同郊教授在临床上对许多慢性病，特别是久治不愈或疑难病证，都非常重视燮理肾中阴阳。或在辨证的基础上，适当加用补肾之品，或以补肾为主，缓图治本，兼顾祛邪，往往能顿挫病势，获得较好效果。在补肾药的选择上，孙同郊教授喜用不过温或过凉之品，如山茱萸、菟丝子、枸杞子、桑椹、女贞子、覆盆子、杜仲、牛膝、桑寄生等；也常用温而兼润之品如淫羊藿、巴戟天、肉苁蓉等。对畏寒肢冷，苔白滑，脉沉弱者，也常用干姜、肉桂、附片、细辛等。其用药还重视阴阳互根的关系，本"善补阳者，必于阴中求阳，则阳得阴助而生化无穷；善补阴者，必于阳中求阴，则阴得阳升而泉源不竭"之训，常补阴补阳药同用，而各有主次。例如肝病后期，肝体缩小，肝体阴而用阳，治疗应滋肝肾之阴补肝体，且常在滋肝肾阴的同时加少量温肾阳药，如菟丝子、巴戟天等，认为可加速病情恢复并减少滋阴药易碍胃的副作用。又如肝硬化腹水患者，水为阴邪，肾为水脏，常治以温脾肾之阳以利水消肿，并酌情加用少量滋阴药，使温而不燥，利水而不伤正，增强疗效。

（四）体现和调思想的处方用药观

中药方剂是祖国医学伟大宝库中的一部分，我国有成千上万的方剂，都是历代医家经过长期的医疗实践遗留下来的经验结晶。成方（包括经方和时方）立法严谨，选药精当，有明确的治疗机理和应用范围，疗效确切。方剂除极少数由单味药组成外，大都由两味以上药物组成。方剂的配伍规律是君臣佐使，君臣药的性味功能是相似的或相同的，佐使药的性味是不同的或相反的，把性味功效不同的药物配合起来，其目标一致，治疗某一种病证，就具备了"和而不同"的特点，达到了真正意义上的"和"，从广义上说中药方剂都是和剂。《素问·至真要大论》曰："寒者热之，热者寒之，温者清之，清者温之，散者收之，抑者散之，燥者润之，急者缓之，坚者耎之，脆者坚之，虚者补之，强者泻之，各安其气"，即纠正体内的寒热、缓急、燥润、脆坚、强衰等，使之回归到原有的和谐状态。

孙同郊教授在临床上喜用成方，并随证加减，即根据患者的病情，选用方证相当或相似的成方作为基础方，又根据个体差异和兼夹症、并发症的不同，而随证加减。她认为这是选方用药的重要方法，可以达到满意疗效。孙同郊教授也经常将几个成方合并使用，以应对复杂病情的需要。由于时代的发展，病种的变异，也需要经常根据疾病的病因病机特点，按照方剂学组成原理，自组新方以符合治疗的需要。在用药方面，遵照"无太过，无不足"的原则，药味不宜过多，药量不宜过重。孙同郊教授认为过分加大药量，不仅不合乎每味药物的溶解度，而且还会产生不良反应。一般药物的剂量大都在 10 g 至 30 g 左右，其病来也渐，去也缓，不求速效，但求治本。又因肝肾是药物代谢和吸收的重要脏器，过多过量的药物容易损伤肝肾。在药物配伍方面，需补泻兼施，寒温并用，敛散同调等，达到相互制约，相反相成，以促进脏腑功能的恢复。并应遵守补而不滞，疏而不燥，攻不伤正的原则。孙同郊教授不轻易用红参、生晒参、鹿茸、龟甲胶、鹿角胶等贵重药品，不用或少用芫花、大戟、牵牛、甘遂等峻泻利水药，用必注意中病即止。其用蜈蚣、全蝎、蟾皮、天龙等虫类药时常从小剂量开始，逐渐加重，注重循序渐进。

二、治疗常见肝病的临证思路

（一）顾护脾胃贯穿肝病治疗始终

肝病最易犯脾，肝病常见倦怠乏力，纳差厌食，恶心呕吐，腹胀便溏等临床表现，大多由于病邪伤及脾胃所致。脾主运化水谷，是气血生化之源，后天之本，只有当脾胃功能正常，气血生化有源，正气旺盛时，才能祛除病邪，获得康复，所以顾护脾胃应贯穿于治疗肝病的始终。在疾病早期，当邪气盛实时就应在祛邪的同时注意顾护脾胃的运化功能，务使脾胃运化不受损伤，而当疾病中后期邪气渐退，虚实兼杂时，即应加入健脾和胃药物，直至疾病痊愈。健脾和胃药种类较多，健脾益气常用黄芪、党参、太子参、炒白术、茯苓等；升举脾气常用黄芪、升麻、葛根、柴胡等；健脾和胃助消化常用炒麦芽、炒山楂、炒谷芽、神曲、鸡内金、白豆蔻、藿香、佩兰等；益胃阴常用石斛、玉竹、南北沙参等；脾胃虚寒常用干姜、肉桂、桂枝等。现代研究已证实，健脾能重塑机体免疫功能，达到治病和养生的目的。

（二）重清热解毒但应用之有度

肝病常见热毒的症状，产生的原因一是由于感受湿热疫毒之邪；二是由于肝郁日久可化热，瘀久化热，湿浊化热等。常见症状有口干、口苦、小便黄赤、大便干或秽臭不爽，舌红，苔黄，脉数。多见于肝病急性期、慢性活动期，即或在慢性迁延期也往往存在残余热毒，故清热解毒药应用范围较广，频率较多。常用药物有茵陈、栀子、大黄、蒲公英、虎杖、苦参、夏枯草、金钱草、重楼、黄连、黄芩、黄柏、连翘、银花、白花蛇舌草、半枝莲等，用药应据证而有轻重，且常需与其他治法同用，如清热凉血活血，清热化痰，清热利水等。由于清热解毒药的药性偏于苦寒，易伤脾胃，故尤其需要与健脾和胃药同用，清补兼施或寒温并用。

（三）治胁痛首重疏肝行气

肝病常有胁肋部疼痛，主要由于肝气郁结所致，疏肝行气可使气机疏畅，达到"通则不痛"的目的。疏肝还可协调脾胃升降，疏泄胆汁，促进脾的运化、吸收和化生气血。此外，疏肝可使全身气机通畅，而可化痰、化瘀血、化湿浊等，有利于多种病邪的祛除。由于肝体阴而用阳，疏肝还应注意养肝体，务使肝疏泄正常而不伤肝体。常用疏肝理气药有柴胡、香附、枳壳、枳实、青皮、陈皮、大腹皮、八月扎、莱菔子、川楝子、延胡索、紫苏梗、香橼、佛手等，由于理气药大多药性偏于辛燥，故用药不宜过多，用量不宜过重。现代药理研究认为肝主疏泄是维持人体正常免疫功能的基础，肝失疏泄则免疫调控功能下降，可导致免疫相关性疾病的发生。

（四）治黄疸首重宣利三焦

黄疸为肝病常见症状，多由湿热瘀毒阻滞肝脾所致。《金匮要略·黄疸病脉证并治》曰："黄家所得，从湿得之""治湿不利小便，非其治也"。《伤寒论》曰："此为瘀热在里，身必发黄"。故黄疸的主要病理因素是湿、热、瘀，病位在三焦而以中焦肝脾为主，涉及上焦肺和下焦肾、膀胱、大小肠，病机是由于湿热瘀毒阻滞三焦，三焦气化失司，中焦枢机不利，脾失健运，肝失疏泄，胆液运行不循常道，外溢肌肤而发黄。治疗应在凉血化瘀、清热化湿、利小便的基础上，加以宣畅三焦，三焦气化正常则湿热瘀毒上下分消，使胆液运行归于常道。如用杏仁宣利上焦，白豆蔻、藿香畅达中焦，车前子、滑石等渗利下焦，往往可以加速黄疸的消退。

（五）活血化瘀尚须审证求因

肝藏血，肝病常出现瘀血症状，如肝脾肿大、皮肤瘀斑、赤丝红缕、疼痛固定、夜间尤甚、舌下静脉瘀紫、舌有瘀斑等。常见引起瘀血的原因：①因气滞致血瘀。肝主疏泄，条达气机。慢性肝病湿热中阻，致肝失疏泄，肝郁气结，气行则血行，气滞则血瘀。②因热致瘀。湿热是慢性肝病的始动因素。热为阳邪，热邪内遏灼伤津液，暗伤营血。《金匮要略》曰："热之所过，血为之凝滞"。《医林改错·积块论》曰："血受热则煎熬成块"。《圣济总录》亦云："毒热内郁，则变为瘀血"。③因湿致瘀。慢性肝病，湿邪外感，或久病伤脾，水湿内生，或湿邪残留未尽，阻于经脉，而致血脉不通，瘀血乃成。正如《灵枢·百病始生篇》所云："湿气不行，凝血蕴里而不散，津液涩渗，著而不去而积皆成也"。④因虚致瘀。肝病日久,毒邪深入,乘脾犯胃,或长期服用苦寒之品伤气,致使气机失运,血行不畅。所谓气为血帅,若气虚则血失所帅,必然致瘀。肝体阴而用阳,肝病后期,多伤及肝阴,阴虚火旺,灼伤阴血,"血受热则煎熬成块",此乃阴虚致瘀。至于阳虚致瘀,因感受寒邪或湿从寒化,导致阳虚。阳虚生寒,血见寒则凝滞不行而成瘀血。

  造成肝病血瘀的原因很多,孙同郊教授认为,在运用活血化瘀药的同时,应配合治疗引起血瘀的原因,才能获得较好效果。慢性肝炎各个时期的治疗,均需酌情加用活血化瘀药。瘀血有轻重性质的不同,在运用活血化瘀药时,还应依据具体病情选择恰当的活血化瘀药。轻者选择作用平和之丹参、赤芍之类。较重者选用桃仁、红花、三棱、莪术等。重者选用水蛭、土鳖虫等。热毒重者,用凉血活血药,如赤芍、丹参、丹皮等;胁肋胀痛、腹胀肝气郁结者,用行气活血药,如郁金、川芎等;倦怠乏力、动则气短、食少便溏气虚血瘀者,用益气活血药,如当归、白芍、何首乌、女贞子、鸡血藤、姜黄、郁金、三七等;痞块明显者,选用软坚散结活血药,地鳖虫、穿三甲、鳖甲等;舌质淡胖脉沉细,属阳虚者,用助阳药,如肉桂、仙茅、仙灵脾、牛膝等配合活血药;出现水肿或腹水者,用活血利水药如泽兰、益母草、楮实子等。药量不宜过重,药味不宜过多。又因肝病常伴有凝血功能低下,血小板计数减少,还应注意活血而不致出血,多选用较平和的活血药,少用破血耗气之品。

(六)治痰浊首重健脾益肾

  痰的生成,外因与饮食不节,恣食肥甘有关,内因多为脾失健运,肾气不足,不能正常输布津液,聚水(湿)而成痰,故有"脾为生痰之源""肾为成痰之本"之说。痰可随气流窜,脏腑、经络、肢体均能到达,或可停积于某一部位而成痰核。痰的症状多端,除常见的头重、头眩、肥胖、胸脘痞闷、咯吐痰涎、舌苔厚腻等外,常因侵犯部位不同而形色怪异不一。可有局部麻木、咽喉梗塞、心悸、背冷、抽搐、癫狂、昏迷等。痰与瘀均为机体的代谢产物,常同时存在,痰阻血脉,血行不畅遂成瘀血,瘀血日久又可化为痰浊,两者互为因果而成痰瘀交阻。肝病中,肝内脂肪沉积,淋巴结肿大,肝脾结块等均属痰瘀同病。痰瘀胶结日久不愈，还可使病情恶化，恶性循环而成顽症、重症。故肝病顽固性黄疸，顽固性腹水等常须加用祛痰药物治疗。治痰常用化痰、消痰、涤痰三法，常用药物有陈皮、半夏、茯苓、胆南星、瓜蒌、浙贝母、牡蛎、海藻、昆布、山慈菇、猫爪草等，但必须同时应用健脾祛湿之品以除生痰之源，或用益肾之品以固本化痰，才是最有效的祛痰方法。

（七）治腹水和水肿重视温补肾阳

肝病后期可出现腹水、胸水、下肢水肿等症，其发病机制大多由于气滞、血瘀、痰浊、湿热等邪交阻日久不化，导致肝脾肾亏虚，脾失健运则水湿内聚，肾失开阖则水湿不化，水精不能正常敷布，而使水液停聚。聚于胸、腹腔则为胸水、腹水，流注下肢则下肢水肿。病理性质属本虚标实，治宜扶正为主，祛邪为辅。扶正需健脾补肾，健脾可使水液消化吸收和转输，并能祛痰；补肾可使水液开阖有节，蒸化有权，通利小便。祛邪则以行气活血利水为主。在水肿的治疗中，温补肾阳极为重要，这是因为肾者水脏，主津液，肾气具有主司和调节全身津液代谢的功能，水为阴邪，肾阳能温化水湿，蒸腾和推动水液运化。更由于肾为五脏阴阳之本，肾阳肾气可以调节和加强脾运化水湿功能，因此临床上见有腹水、胸水或水肿时，就应在辨证的基础上，适当加用补肾温阳之品，可以获得满意的消肿效果。常用温补肾阳的药有淫羊藿、巴戟天、补骨脂、菟丝子、附片、肉桂、干姜等。

三、治肝病重体用并调的学术思想

（一）肝"体用"的内涵

"体"，即指肝脏的本体；"用"，指肝脏的功能活动。叶天士《临证指南医案·肝风》曰："肝为风木之脏，因有相火内寄，体阴而用阳，其性刚、主动、主升，全赖肾水以涵之，血液以濡之，肺金清肃下降之令以平之，中宫敦阜之土气以培之，则刚劲之质，得为柔和之体，遂其条达畅茂之性，何病之有？"

所谓"体阴"，一是指肝为藏血生血之脏，血属阴；二是指肝为五脏之一，居膈下,位于腹中,属阴脏。《素问·五脏生成篇》曰:"人卧血归于肝",故有"肝为血海之称"。血液来源于水谷精微,生化于脾而藏于肝,同时肝也参与血液的生成。《张氏医通·诸血门》曰:"气不耗,归精于肾而为精,精不泄,则归精于肝而化清血。"肝的生理功能,依赖于肝的阴血滋养才能正常。血属阴,肝为刚脏,非柔润不能正常。所谓"用阳",一是从肝的生理功能讲,肝主疏泄,"疏泄"一词最早出现于《内经》。《素问·五常政大论》曰:"土疏泄,苍气达"即土得木而达。元代朱丹溪《格致余论·阳有余阴不足论》首次明确地提出"司疏泄者,肝也"。肝内寄相火,为风木之脏,其气主升主动,动者为阳;二是从肝的病理变化看,肝阳易亢,肝风易动,肝病常表现为肝阳上亢、肝风内动的病机,症见眩晕、面赤、肢体麻木、易怒、抽搐、震颤、角弓反张等,按阴阳属性亦属阳。

(二)体用并调治肝病

肝病常有胁肋部疼痛,主要由于肝气郁结所致,疏肝行气可使气机疏畅,达到"通则不痛"的目的。疏肝还可协调脾胃升降,疏行胆汁,促进脾的运化、吸收和化生气血。此外,疏肝可使全身气机通畅而可化痰、化瘀血、化湿浊等,有利于多种病邪的祛除。常用疏肝理气药有柴胡、香附、枳壳、枳实、青皮、陈皮、大腹皮、八月扎、莱菔子、川楝子、延胡索、紫苏梗、香橼、佛手等。由于理气药大多药性偏于辛燥,故用药不宜过多,用量不宜过重。现代药理研究认为肝主疏泄是维持人体正常免疫功能的基础,肝失疏泄则免疫调控功能下降,可导致免疫相关性疾病的发生。

肝病后期常发展为肝纤维化或肝硬化,此时,病邪已渐退,肝体亦受损,出现气阴两虚兼血瘀等临床表现,症见倦怠乏力、少气懒言、头昏目眩、口燥咽干、胁肋隐痛、腰膝酸软、舌黯少苔、脉细弱等,肝功能检查血浆白蛋白偏低,或酶学指标轻度异常,腹部B超提示肝回声增粗或有肝边缘不规整、肝脏萎缩、脾脏增大。治宜益气养阴滋肾柔肝兼活血化瘀祛邪。常用处方有一贯煎、二至丸、六味地黄丸、滋水清肝饮等。常用药物有黄芪、炒白术、太子参、黄精、女贞子、墨旱莲、枸杞子、菟丝子、当归、生地黄、山茱萸、五味子、石斛等。由于肝为刚脏,体阴而用阳,肝阴易耗,肝体易损,肝肾同源，滋水可以涵木，滋养肾阴可以柔肝养肝，故重用滋养肾阴的药物可以保护肝体，缓解症状，阻止或延缓肝硬化的发展。

四、辨病、辨证、辨症三结合的临床思维模式

诊疗模式是医生在临床工作中认识和治疗疾病的方法，孙同郊教授在临床实践中深感用辨病、辨证、辨症三结合模式诊治疾病，具有一定优越性，能增加对病情的把握，有利于临床工作的顺利进行和加强临床疗效。病、证、症是疾病的三个层次，病是有特定的致病因素、发展规律和病理演变的一个完整的异常生命过程，有较固定的临床症状、体征、诊断要点和与相似疾病的鉴别等。证是疾病过程中某一阶段或某一类型的病理概括，由一组相对固定的有内在联系的症状组成，能揭示疾病某一阶段或某一类型病变的本质。症即症状和体征，是诊断疾病或辨认证型的主要依据。病、证、症三者既有区别又互相补充。孙同郊教授常将三者结合，应用于临床工作中。

（一）对辨病的认识

古往今来，中医治病的模式就是辨病与辨证相结合，即所谓"辨病在先，辨证为主"。如《伤寒论》将疾病分为六经病，而每一经病又分为若干个证，才能使治疗具体化，《金匮要略》每篇的篇首均以"辨某某病脉证并治"为篇目等。辨病有利于从总体上把握和处理疾病，但由于受历史条件影响，中医对病的认识较为表浅，对大多数疾病未深入到本质。孙同郊教授认为辨病应既辨中医的病又辨现代医学的病，二者同辨可使中西医病名相互对应，优势互补。辨西医的病不仅注重病名，更重要的是收集该病的病因病机和症状演变规律等信息，把这些信息用中医基本知识和基本理论取象比类，加以解释归纳和利用，使"西病中化""西为中用"，虽然这是个很艰难的过程，然而由于近半个多世纪以来中医的许多论文、论著、实验研究大都是以西医的病名为依托，在这方面已经积累了许多有益的经验，充分重视总结利用这些资料，对辨明不少常见病、多发病的中医病机本质已经有了可能性和可靠性，并可在实践中逐步发展和深入。

（二）对辨证的认识

辨证论治是中医学认识疾病和治疗疾病的基本原则，是在中医基础理论天人合一、整体观、恒动观等指导下以望闻问切四诊为依据，将四诊所收集的资料通过分析和综合，辨清疾病现阶段的病因、性质、部位及邪正之间的关系，概括确定为某种性质的过程，并根据辨证分析的结果，来确定相应的治疗方法。由于辨证论治始终用人—自然—社会三者统一的观点探索疾病的病因和治疗原则，不是局限于人体本身孤立地就病治病，主张形神合一，脏腑相关，把人体看成是一个有机的整体，故治病不是头痛医头，脚痛医脚。辨证论治在疾病的全过程中始终坚持用运动的、变化的和发展的观点来观察和分析病情，当疾病的症状体征和邪正关系发生变化时，就根据变化的症状来重新做辨证诊断，证随症变，方随证变，故具有充分的灵活性。同一类病症由于患者先天禀赋、性别、年龄、环境、生活习惯、文化、经济等差异，常常表现为不同的证，需要因人而异的治疗，从而决定了辨证论治的个体化特征。辨证论治通过望闻问切和思辨，在获得新信息的基础上还具有广泛的实用性，甚至可治愈一些现代医学不能确定或无法治疗的疾病。由上可见辨证论治的优势不容置疑，其生机无限，虽不是完美无缺，但至今仍是中医治病的主要法则，而且与现代医学提出的个体化治疗、精准治疗等有殊途同归之处。

（三）对辨症的认识

辨症除辨病人的症状、体征、舌脉等外，还应搜集各种实验室检测的结果和影像学检测结果等，作为症的外延，丰富症的内容。辨症要求做到全面、准确，区分主次和轻重等，并且还应将各种症状分析和综合，以认识出现这些症状所存在的疾病的本质。由于病和证都是在症状的基础产生的，所以只有精确辨症才能获得精确的辨病和辨证。

（四）辨病、辨证、辨症三结合可以优势互补

求真和求实，质疑和超越，吸取先进技术是科学精神的基本品质。中医的优势要保存，不足要补充。辨病、辨证、辨症三结合从疾病的不同层面了

解疾病，可以优势互补，增加认识疾病的清晰度，明确治疗方向，增强疗效。例如国医大师唐由之在治疗中心性渗出性脉络膜视网膜病变时，就是在辨证论治的基础上结合辨病和辨症，利用检眼镜、眼底动脉血管造影或光学相干断层扫描（OCT）等，识别视网膜病变的性质和症状，若眼底脉络膜新生血管处于活动期，眼底出血水肿渗出者，多为血热，采用辨证加凉血止血法；如眼底出血色泽暗红，伴有黄白色渗出者，为瘀血，采用辨证加活血化瘀法；如黄斑部瘢痕形成，多为虚证，酌情选用补气养血或滋补肝肾明目的中药，使该病的治疗获得显著疗效。类似成功的实例，临床上已是不胜枚举。

（五）辨病、辨证、辨症三结合的临床应用

辨病、辨证、辨症三结合的方式，各不相同，有以辨证为主者，有以辨病为主者，有以辨症为主者。三者各有特色，在临床工作中，应根据病情选用，不应固定某一方式。孙同郊教授常用的模式是以辨证为主，辅以辨病和辨突出症状的方式，即首先根据传统辨证方法，分析疾病的病位、病变脏腑、在表在里、在气在血、病性的寒热虚实、病势的邪正盛衰，确定所患的是哪一种证候，由证候决定目前的治疗方案，列出基本方药，又根据辨病和辨突出症状的结果，辅以加减药物。试举案例如下：患者男，50 岁，有慢性乙型肝炎史 20 年，刻下症：右胁疼痛，食纳不佳，食后腹胀，倦怠乏力，睡眠极差，多梦易醒，口苦，尿黄，大便溏，舌淡，苔白微腻，脉沉弦。肝功检查：A 38.5 g/L，G 32.3 g/L，ALT 96 U/L，AST 68 U/L。腹部彩超：肝内回声增粗，门脉内径 1.2 cm。中医诊断：胁痛——肝郁脾虚证，西医诊断：慢性乙型肝炎。处方用药：柴胡 10 g、白芍 20 g、炒白术 12 g、茯苓 12 g、山药 15 g、陈皮 10 g、紫苏梗 12 g、郁金 15 g、丹参 15 g、泽兰 15 g、蒲公英 15 g、苦参 15 g、生牡蛎 30 g、首乌藤 30 g、炙甘草 5 g。方中柴芍、四君子汤、陈皮、山药、紫苏梗疏肝健脾和胃，是辨证施治决定的方向性治疗。因乙型肝炎多由疫毒内侵引起，使肝细胞充血、水肿、变性，日久肝纤维组织形成，又见口苦、尿黄、转氨酶升高、门脉高压等，辨病应属湿热稽留、瘀血阻滞，故用蒲公英、苦参、郁金、丹参、泽兰清热解毒、活血化瘀。患者失眠多梦，加用生牡蛎、首乌藤解决其突出症状，是为辨症用药。数月后复诊，患者已无胁痛，

但出现畏寒、肢冷、神疲纳差、大便稀溏，日3～4次，舌淡胖有齿痕，苔白脉沉细，辨证属脾肾阳虚。证随症变，方随证变，方用理中汤加味，方中黄芪、党参、炒白术、干姜、补骨脂、巴戟天、菟丝子、陈皮、紫苏梗温肾助阳、健脾和胃。加郁金、丹参、蒲公英活血化瘀、清热解毒，是因证变而疾病的本质未变。加炒麦芽消食开胃，助脾运化为辨突出症治疗。以辨证为主，辅以辨病、辨症的治疗方式虽是最常用的模式，但亦不是固定不变的，如对无症可辨的患者或症状体征较少而辨病明确者，如某糖尿病患者，血糖检测明显超标，诊断明确而无全身不适，则可采用辨病为主，辨证、辨症为辅的治疗模式。又如某些病例以突出症状为主者，如崩漏、食管静脉曲张破裂大出血、痛证、厥证等，出血和疼痛极为严重，急需控制，避免产生意外，就当采用辨症为主辅以辨病和辨证。三种模式的灵活运用，可促使中医疗效获得显著提高。

川派中医药名家系列丛书

学术传承

孙同郊

孙同郊教授分别于 1992 年和 1995 年与成都中医药大学联合招收了两届硕士研究生，共 2 名。1995 年泸州医学院成为硕士招生点后，又招收了一届共 2 名硕士研究生。1998 年，孙同郊教授 70 岁，光荣退休，返聘至泸州医学院附属中医医院，至 2019 年 2 月，一直坚持每周两次门诊，前期还每周一次到肝胆病科查房。作为中西医结合临床肝胆专业研究生的副导师，孙同郊教授不仅承担了肝病专业历届研究生的门诊带教工作，还常常指导研究生们选题、开题、实验和毕业论文写作等，为研究生教育呕心沥血。2002 年 11 月，孙同郊教授被遴选为第三批全国老中医药专家学术经验继承工作室指导老师，汪静成为孙同郊教授临床经验和学术思想继承人。

汪静

（一）个人简介

汪静，女，1968 年生，四川简阳人。教授，主任中医师，硕士研究生导师，西南医科大学（原泸州医学院）附属中医医院大内科副主任兼肝胆病科主任。1986 年考入泸州医学院中医系读本科，1991 年 7 月毕业，获学士学位，分配至泸州医学院附属中医医院工作至今。其间，2001 年在泸州医学院读研究生，2004 年毕业获硕士学位；2002 年 12 月起参加第三批全国师承学习，师从孙同郊教授，深得孙同郊教授真传。2005 年出师，成绩优秀。2012 年至 2015 年参加全国第三批优秀中医临床人才研修学习，拜师全国名老中医孙同郊教授、王明杰教授、陈学忠教授、祝之友教授、四川省名中医谢春光教授、国医大师孙光荣教授等。

汪静是全国优秀中医临床人才，全国肝胆病咨询专家，四川省首批优秀中青年中医师，四川省名中医，四川省中医药管理局学术技术带头人，国家中医药管理局全国名老中医药专家传承工作室——"孙同郊传承工作室"和四川省名中医工作室——"孙同郊名中医工作室"、四川省中医药管理局在建流派工作室——"孙氏肝病流派工作室"负责人，"孙氏肝病流派"主要传承人。

已培养硕士研究生33名，四川省名中医汪静工作室继承人3名，院内师承弟子2名。任中国民族医药学会肝病分会副会长，中国中药协会肝病药物研究专业委员会副主任委员，中国研究型医院学会肝病专业委员会常务委员，中国医师协会中西医结合医师分会肝病学专业委员会常务委员，世界中医药联合会名医传承工作委员会常务理事，世界中医药联合会慢病管理委员会常务理事，全国疑难及重症肝病攻关协作组全国委员，中国中西医结合学会肝病分会委员，中国民族医药学会传染病分会常务理事，中华中医药学会肝胆病分会委员，世界中医药联合会肝病专业委员会理事，四川省中西医结合学会肝病专业委员会主任委员，泸州市医学会感染专业委员会副主任委员，泸州市中西医结合学会肝病专业委员会主任委员等。担任《中国实验动物学报》《西南医科大学学报》《中西医结合肝病杂志》编委。担任国家中医药管理局区域中医（肝病）诊疗中心、国家中医药管理局"十二五"建设专科、四川省中医药管理局重点专科——西南医科大学附属中医医院肝胆病科学科带头人，中医药科研二级实验室"肝脏生物化学实验室"负责人。

汪静从事中医肝胆病临床、科研、教学工作32年，与国内众多知名肝病专家建立了良好的合作关系。主持国家科技部"十一五"科技支撑计划名老中医项目子课题"孙同郊临床经验、学术思想传承研究"及"十二五""十三五"国家科技部重大专项、省部级及厅局级科研项目50余项，获省、市科技成果奖8项，其中，"孙同郊临床经验、学术思想研究"获四川省科技成果三等奖、泸州市科技进步二等奖。作为第一作者或通讯作者发表论文100余篇。担任"十二五"国家规划教材《中医内科学》（科学出版社）副主编，参编（任编委）国家卫生和计划生育委员会"十二五"规划教材、全国高等医药教材建设研究会规划教材、中医、中西医结合住院医师规范化培训教材《中西医结合传染病防治》（人民卫生出版社），以及"十三五"国家规划教材《中医内科学》（中国中医药出版社）；主编专著《孙同郊临证随笔》《肝病100问》，参编专著10余部。

（二）学术主张

汪静宗恩师孙同郊教授"和调"思想，辨治肝胆疾病倡"少阳主枢"理论，认为少阳为阳气出入之枢，为气机升降之枢，为气血津液上下敷布之枢；少阳一病易为郁火，易生痰瘀；调和少阳枢机为治疗之关键；柴胡为枢利少阳之第一要药，小柴胡汤为调和少阳枢机之主方。

汪静临床擅长运用小柴胡汤治疗肝胆、脾胃病及疑难杂症。主攻非酒精性脂肪性肝病、原发性肝癌的基础和临床研究。孙同郊教授认为非酒精性脂肪肝的病机关键为痰瘀互结，确立祛痰活血疏肝为主要治疗方法，自拟祛痰活血汤为主方。汪静传承并创新孙同郊教授学术思想，认为少阳枢机不利，三焦失畅，痰瘀互结为非酒精性脂肪性肝病基本病机，调和少阳枢机为治疗关键。祛痰活血汤以二陈汤合小柴胡汤为基础方加减化裁而成。方中小柴胡汤既体现孙同郊教授的"和调"思想和治慢性肝病注重体用的学术思想，也体现了少阳枢机得利，气机升降有序，津液敷布正常，则痰瘀无由生聚，疾病可愈的治疗观。

汪静创新性地提出"枢机不利，肝脾失调为原发性肝癌基本病机，和枢消积为治疗大法"的观点，自拟"和枢消积丸"治疗原发性肝癌，相关课题获四川省科技厅重大项目及第二批国家中医药临床研究基地拓展病种资助。

（三）典型医案

1. 调和少阳枢机治疗咳嗽案

王某某，男，64岁。2015年4月3日初诊。主诉：咽干、咽痒、咳嗽半年。患者半年前受凉后出现咳嗽，咽干、咽痒作咳。多方医治，咳嗽时轻时重，经久不愈，严重影响正常生活。为求进一步诊治而至我院住院。入院后胸部CT、心电图、血常规等检查无异常，给予"复方可待因溶液"、"苏黄止咳胶囊"、抗生素静滴及中药止嗽散、二陈汤等方治疗1周，咳嗽症状无改善。某日查房，患者诉咽干、咽痒、咳嗽，咯少量白色泡沫痰，痰不易咯出，口微苦，活动后心累、气促，偶有气紧，舌淡，苔淡黄腻，脉弦滑。有乙肝病史20余年。中医诊断：咳嗽，辨证属邪郁少阳，治疗宜和解少阳，方选小柴胡汤加减。处方：柴胡12 g，酒黄芩12 g，法半夏10 g，炒枳壳15 g，桔梗15 g，玄参15 g，麦冬10 g，蜜旋覆花（包煎）15 g，白芍30 g，紫苏叶12 g，当归 12 g，芦根 15 g，炙甘草 3 g。水煎服，每日 1 剂。共 4 剂。服药后诸症明显好转，后再服上方 4 剂，咽干、咽痒、咳嗽等症痊愈。

按：本案因于受凉，外感时邪，邪气初在太阳，久则内陷，累及少阳，枢机不利而发咽痒、咳嗽、咯痰。《伤寒论》云："少阳之为病，口苦，咽干，目眩也。"患者口苦，《伤寒论》又云："伤寒、中风，有柴胡证，但见一证便是，不必悉具"，故以小柴胡汤加减和解少阳、清热化痰。方中柴胡苦平，入肝胆经，透解邪热，疏达经气；黄芩清泄邪热；法夏和胃降逆；枳壳、桔梗宣肺利咽、理气化痰止咳；旋覆花降逆止咳；玄参、麦冬、芦根生津止渴；白芍柔肝养血；紫苏叶理气宽中；当归养血润燥。诸药合用，使少阳枢机得利，久咳获愈。

2. 调和少阳枢机治疗肝癖案

袁某，男，39 岁。2015 年 3 月 15 日初诊。主诉：右胁隐隐不适 1 月余。患者 1 月前无明显诱因感右胁隐隐不适，无乏力、纳差、厌油等症。既往有胆囊结石病史。今为求进一步诊治而来院门诊。彩色 B 超提示"脂肪肝""胆囊结石"，肝功检查结果：ALT 88 U/L，γ-GT 324 U/L。甘油三酯 2.12 mmol/L，低密度脂蛋白胆固醇 4.15 mmol/L，载脂蛋白 B 1.21 g/L。Fibroscan 肝脏脂肪定量检测受控衰减参数（Fibroscan CAP）326，Fibroscan 肝脏硬度检测值（Fibroscan E）5.7。现症：形体肥胖（体重 101 Kg），精神尚可，食纳正常，右胁隐隐不适，二便正常，舌红，苔黄腻，脉沉细。患者素嗜肥甘厚味。西医诊断：非酒精性脂肪性肝炎，中医诊断：肝癖，证属痰瘀互结，治宜祛痰活血，疏肝。拟方痰活血汤加减。处方：柴胡 12 g，酒黄芩 10 g，陈皮 10 g，茯苓 15 g，白芍 24 g，丹参 15 g，郁金 15 g，生山楂 15 g，炒决明子 15 g，半夏 10 g，盐泽泻 15 g，炙甘草 3 g。水煎服，每日 1 剂。嘱清淡饮食，适当运动。共服药 7 剂。复诊无明显不适。体重较前下降。舌尖红，苔黄腻，脉沉细。嘱忌饮酒，清淡饮食，适当运动。诊断同前，守上方 14 剂。复查肝功：γ-GT 86 U/L，ALT 正常。三诊无临床症状，舌淡苔白，脉沉滑。治疗有效，守上方续用 14 剂。四诊无特殊临床症状，现体重 91 Kg，舌淡，苔白腻，脉沉滑。复查 Fibroscan CAP 246，E 4.3，肝功正常，甘油三酯 2.02 mmol/L。

按：脂肪肝属祖国医学"肝癖""胁痛"等范畴。多因饮食不节，恣食肥甘厚味，损伤脾胃，致脾运化无权，痰浊内生，阻碍气机，影响血液运行，久可致瘀，湿热痰瘀互结而发为本病。方中陈皮、茯苓、半夏化痰浊，泽泻祛湿浊；丹参、郁金、生山楂活血化瘀；柴胡、白芍疏肝理气、柔肝缓急；黄芩清热燥湿；甘草调和诸药。柴胡配黄芩有小柴胡汤之意，使少阳枢机得利，则脾胃运化功能复常，痰瘀化，湿热清，故获得较理想疗效。

3. 调和少阳枢机治疗呕吐案

患者王某某，女，16岁，2015年4月6日初诊。主诉：恶心、干呕7天。患者于7天前无明显诱因出现恶心、干呕，纳差，大便不成形，1~2次/日，来院门诊，予乳酸菌素片、盐酸小檗碱等治疗，症状无缓解。今诉恶心、干呕，伴纳差，厌油，口干，口苦，中腹部阵发性疼痛，食后腹胀，胸闷，睡眠欠佳，大便成形，量少，1次/日，小便正常。精神差，舌尖红，苔白腻，脉沉细。半月前曾因"右侧胸部带状疱疹"在外院静脉滴注阿昔洛韦、克林霉素等药。正值经行2天。今查血常规、肝功、电解质等正常，肾功检查示：血清肌酐（CREA）134 μmol/L。西医诊断：药物性肾损伤？中医诊断：呕吐，证属少阳枢机不利。治宜调和少阳枢机，予小柴胡汤加减。处方：柴胡12 g，酒黄芩10 g，法半夏10 g，党参15 g，大枣10 g，陈皮10 g，旋覆花15 g，紫苏梗10 g，竹茹10 g，佛手10 g，蜜枇杷叶15 g，炙甘草3 g。共4剂，每日1剂。嘱三日后复查肾功。2015年4月9日复诊：患者精神正常，自诉已服药2剂，诸症尽除，纳寐、二便正常。今日复查肾功正常。嘱服完上方药巩固疗效。

按：呕吐是临床最常见的症状之一，《诸病源候论·虚劳吐利候》曰："胃气逆则呕吐"，指出呕吐的发生是由于胃气上逆所致。《伤寒论》曰："少阳之为病，口苦，咽干，目眩也。"本案证属少阳枢机不利，少阳气郁，影响脾胃气机升降而致恶心、干呕、纳差；气机郁滞，不通则痛，症见腹痛、腹胀；气郁化火，故见口干、口苦；舌尖红，苔白腻，脉沉细，亦为少阳枢机不利之征。治宜调和少阳枢机。《伤寒论》曰："……有柴胡证，但见一证便是，不必悉具。"故方选小柴胡汤加减。小柴胡汤由柴胡、黄芩、半夏、生姜、人参、炙甘草、大枣组成。方中柴胡配黄芩以清少阳胆腑之热，并疏泄肝胆之气郁；半夏配生姜，能散能降，外散其结，内降其呕；党参、炙甘草、大枣，甘温补脾，助正祛邪。此方能升能散，能开能阖，祛邪而又扶正。方中辅以陈皮、佛手、紫苏梗理气调中，佛手兼能疏肝健脾和胃；《素问·至真要大论》："诸呕吐酸……皆属于热。"竹茹、枇杷叶清热、止呕；旋覆花和胃降逆。诸药合用共奏疏肝和胃之功，小柴胡汤使少阳枢机得利，故获显效。

（四）总结孙同郊教授临床经验、学术思想论文及专著

1. 第一作者或通讯作者发表总结孙同郊教授临床经验、学术思想论文 16 篇

（1）孙同郊治疗老年病经验. 中医杂志，2006（9）：657-658

（2）孙同郊治疗慢性乙型病毒性肝炎的经验. 辽宁中医学院学报，2006，01：49-50

（3）孙同郊运用茵陈四苓散治疗肝硬化的经验. 中华中西医杂志，2006，7（1）：62

（4）孙同郊治疗慢性肝炎经验. 世界中医药，2008（1）：23-24

（5）Prof. Sun Tongjiao, s Experience in Treating Senile Diseases.JTCM（中医杂志英文版），2008，28（3）：198-200

（6）孙同郊用补益法治疗慢性肝炎经验. 辽宁中医药大学学报，2010（10）：115-116

（7）孙同郊成才之路. 世界中医药.2010，5（5）：378-379

（8）孙同郊养生经验. 泸州医学院学报，2011（4）：364-365

（9）孙同郊治疗胆病经验. 辽宁中医药大学学报，2011（5）：59-61

（10）孙同郊用二仙汤加减治疗老年杂证经验. 中华中医药杂志，2011（3）：518-519

（11）孙同郊治疗肝硬化经验. 中医杂志，2011（3）：189-191

（12）孙同郊运用解毒除湿法治疗慢性病毒性肝炎经验. 世界中医药，2012（5）：403-404

（13）孙同郊辨治骨质疏松症经验. 中医杂志，2013（5）：376-378

（14）孙同郊治疗脂肪肝经验.泸州医学院学报，2013（4）：372-373

（15）孙同郊辨治特发性水肿经验.泸州医学院学报，2014（4）：58-60

（16）孙同郊辨治抗病毒耐药后慢性乙肝经验.时珍国医国药，2017（12）：2997-2999

2. 主编、副主编或参编与孙同郊教授临床经验、学术思想相关专著、教材10部

（1）主编.孙同郊临证随笔，四川科技出版社，2013.9

（2）编委.《国医年鉴》总第五卷，中医古籍出版社，2013.5

（3）编委.当代名老中医成才之路（续集），上海科学技术出版社，2014.1

（4）编委.当代名老中医典型医案集（第二辑）内科分册（脾胃肝胆疾病），人民卫生出版社，2013

（5）编委.当代名老中医典型医案集（第二辑）内科分册（气血津液肢体经络疾病），人民卫生出版社，2014

（6）编委.当代名老中医典型医案集（第二辑）内科分册（心脑疾病），人民卫生出版社，2014

（7）编委.当代名老中医典型医案集（第二辑）外、皮肤、骨伤、眼、耳鼻咽喉、口腔科分册，人民卫生出版社，2013

（8）编委.当代名老中医典型医案集（第二辑）妇科分册，人民卫生出版社，2014

（9）编委.当代名老中医经验方荟萃，人民卫生出版社，2014

（10）副主编.国家十二五规划教材《中医内科学》，科学出版社，2012.9

3. 作为第一成果获得人，获与"孙同郊教授临床经验、学术思想研究"相关成果奖2项

（1）"孙同郊临床经验、学术思想研究"，2013年获泸州市科技进步二等奖

（2）"孙同郊临床经验、学术思想研究"，2015年获四川省科技进步三等奖

魏嵋

（一）个人简介

魏嵋，女，1962年生，重庆开县（现重庆市开州区）人。教授，主任中医师，硕士研究生导师，西南医科大学附属中医医院原副院长。1981年9月考入成都中医药大学（原成都中医学院）医疗系读本科，1986年7月毕业，获学士学位，分配至泸州医学院附属中医院工作至今。其间，1995年在泸州医学院攻读中西医结合临床专业硕士研究生，师从孙同郊教授，深得孙同郊教授教诲，获益终身。1998年毕业获硕士学位；2005年8月至2006年4月作为国家西部访问学者在日本德岛大学医学部第二内科研修，结业后回国。

魏嵋是四川省有突出贡献的优秀专家，四川省名中医，四川省优秀教师，四川省学术和技术带头人后备人选及四川省中医药管理局首届学术和技术带头人，中华中医药学会中医诊断专委会常务委员，四川省中医药学会中医基础专业委员会副主任委员，四川省中医学会治未病专业委员会副主任委员，四川省女医师协会副主任委员。任《现代中西医结合杂志》常务编辑，《Traditional Medicine Research》《西南医科大学学报》编委。

魏嵋从事中医肝胆病医疗、教学、科研工作32年。主持及参与国家科技部"十一五"及"十二五"重大专项——"艾滋病和病毒性肝炎等重大传染病防治"子课题、国家科技部"十一五"支撑计划名老中医传承项目——"孙同郊临床经验、学术思想传承研究"及其他省部级和厅局级课题30余项，科研成果获省、市科技进步奖6项；作者第一作者或通讯作者发表论文40余篇，SCI收录2篇。任国家级规划教材《全科医学》（副主编，人民卫生出版社出版）、《内经选读》（副主编，科学出版社出版），参编（编委）国家级规划教材5部；副主编专著两部，参编专著5部。

（二）学术主张

魏嵋宗恩师"治病必求其本"的治疗观，认为"本"即是根本病机。肝胆疾病有其自身特点：（1）"肝主疏泄，条畅气机"，肝分泌的胆汁经胆囊和胆管输入肠中，助脾胃消化，胆汁排泄应保持畅通，不能有所阻塞；"肝藏血，主人体血液的贮藏和调节"，血贵于流畅，不能有所瘀阻；胆囊与胆管为贮藏和输送胆汁的器官，也应保持畅通无阻。因此，治疗肝胆疾病应以"疏、通"为要务，临床常用"柴胡疏肝散""逍遥散""四逆散"等。（2）"见肝之病知肝传脾当先实脾"，"木克土""土虚木乘"，木郁与土虚常相互影响。临床上肝胆病患者日久常合并脾虚，脾虚又加速肝胆疾病的发展，因此，在肝胆疾病治疗中常合用"四君子汤"健脾益气以固其本，此乃"治未病"思想的体现。（3）中医讲究"因地制宜"，应结合地方特点。其一，泸州地处两江之交，气候炎热，湿为热蒸，其民多湿热蕴结生痰，易致胆胃不和；其二，泸州为著名酒城，酒文化丰富，饮酒的人群面广，酒精的摄入量大，而酒易酿生湿热，阻碍脾胃。故在治疗肝胆疾病时多用温胆汤清热祛痰，调和胆胃。

近年，在孙同郊教授的指导下，魏峻主攻酒精性肝病的基础和临床研究。孙同郊教授认为，酒精性肝病在中医学可归为"胁痛""肝积""酒癖"等范畴。其成因古代已有论述，《临证指南医案》云："而但湿从内生者，必其人膏粱酒醴过度。"《古今医鉴》曰："胁痛者……若因暴怒伤触，悲哀气结，饮食过度，冷热失调……或痰积流注于血，与血相搏，皆能为痛"，又有"肥人多湿""体胖多痰"等，是由于过食肥甘厚味，酒食碍胃，或久卧久坐，体丰痰盛，或七情内伤，或先天禀赋异常等，导致脾运化无权，肝疏泄失职，水湿内停，痰浊内生，气滞血瘀，湿痰瘀互结于肝而形成。湿、痰、瘀既是本病的主要致病因素，又是肝脾功能受损后的病理产物。肝脾是受损的主要脏腑，但由于五脏相关，肾为脏腑阴阳之本，生命之源，故肝脾的损伤又与肾密切相关，可由肾虚而致肝脾失调，或肝脾失调久而及肾。临床上因痰瘀轻重的不等，热化或寒化的不同，肝郁脾虚或肾虚的差异，变证甚多，病情多虚实夹杂。治以泄浊化痰、活血化瘀、运脾疏肝，恢复肝脾的功能为先，并根据肝脾肾受累及气血阴阳亏损的不同而随证施治。因此，针对酒精性脂肪肝治疗时，"解酒毒，护肝脾，祛瘀血"是其关键。酒毒与湿热交结，缠绵难解，宜上下分消而除之。秉承老师孙同郊的治疗法则，临床仔细辨证，灵活运用以"柴芍"等基础药疏肝，合用"四君子汤"、"六君子汤"加减及孙同郊教授自拟经验方"枳葛解酒方"等，治疗酒精性脂肪肝，临床收良效。

（三）典型医案

1. 肝脾同治治腹胀

陈某某，男，32岁。2015年12月24日初诊。主诉：反复中上腹饱胀不适半年。患者半年前无明显诱因出现腹胀，进食较前减少，无反酸、打嗝等症状；门诊口服"枸橼酸莫沙必利""吗丁啉"等效果不佳，要求中医治疗。刻诊：人偏胖，食后饱胀不适，偶感肝区胀痛不舒，嗳气、矢气后症状稍减轻，舌淡苔白腻，脉象弦细。既往无慢性肝病病史，长期大量饮酒。门诊彩超检查提示重度脂肪肝。中医诊断：酒癖，辨证属肝郁脾虚，痰湿阻滞，治疗宜疏肝健脾、祛湿化痰，方选柴芍六君子汤加减。处方：柴胡10 g，白芍20 g，太子参15 g，炒白术10 g，茯苓15 g，陈皮10 g，半夏10 g，丹参10 g，佛手10 g，薏苡仁20 g，炙甘草6 g。配合戒酒，规律饮食，适当运动，服药4剂后前症明显好转，上方续服6剂后复诊，中上腹饱胀症状消失。

按：患者平素喜饮酒，酒为膏粱之品，湿热之性，湿热蕴结中焦日久，肝疏泄失常，病久肝病传变，损伤脾胃，脾运化无力，患者表现出中上腹饱胀之症。初病在肝，累及脾胃。而选用柴芍六君子汤加减以疏肝健脾，祛湿化痰。方中柴芍，入肝胆经，疏肝理气；六君子汤健脾化痰，加用佛手疏肝和胃，病久夹瘀，佐以丹参活血化瘀。本患者年轻，及时调整饮食习惯，加之本方标本同治，使肝疏泄调达，脾胃运化复常，故获良效。

2. 清消补合用治酒毒

患者张某，男，62岁，2016年7月26日初诊。主诉：右胁隐痛6月。患者平素喜食肥甘，饮酒，于3年前开始发胖，6月前出现右胁隐痛，多在劳累后发生，伴精神疲惫，嗜睡，口干苦，小便黄，大便溏，日2~3次。无恶心呕吐、黄疸、腹泻、黑便等症。刻诊：体型偏胖，右胁部持续性隐痛，偶感乏力，无皮肤巩膜黄染，纳可，眠差，乏力，舌质红，舌体胖大，苔白厚腻，脉滑。既往无慢性肝病病史，长期大量饮酒，近3年门诊彩超检查示中度脂肪肝。今日查：HbsAg（－），肝功能：ALT 98 U/L，AST 72 U/L，γ-GT 689 U/L，血脂：甘油三酯（TC）6.2 mmol/L。本病中医诊断：胁痛，辨证属湿热痰瘀互结，治宜清热除湿、健脾和胃、活血化瘀，方选枳葛解酒方加减。处方：枳椇子 20 g，葛根 20 g，生山楂 15 g，白茅根 15 g，鱼腥草 15 g，桑椹 15 g。上方基础上配合少饮酒，适当运动，服药 6 剂后复诊，右胁隐痛基本较前减轻，精神明显好转，舌脉同前，原方去白茅根，加竹茹 10 g、荷叶 15 g，续服 7 剂后复诊病情继续好转，每日 1 剂，原方继进 7 剂。此后在此基础上随证加减治疗。2月后病情稳定，无自觉症状，血生化复查：肝功：ALT 46 U/L，AST 30 U/L，γ-GT 172 U/L，血脂：TC 3.2 mmol/L。半年后复查肝功和血脂均正常或接近正常，彩超：轻度脂肪肝，病势已去，嘱继续随证治疗，进清淡低脂饮食，忌酒，加强运动等。

按：患者饮食不节，恣食肥甘酒浆，损伤脾胃，致肝郁脾虚，脾运化无权，肝疏泄失职，气滞及湿热内停，痰浊内生，气滞及痰浊郁久又均可致瘀，湿热痰瘀互结而发病。方中枳椇子、葛根为君药，二者可解酒毒、生津解郁，生山楂可消食和胃、活血化瘀，为臣药，佐以白茅根、鱼腥草清热除湿，加之患者年龄大，病久，累及肾脏，加用桑葚滋阴补血、补肝益肾；后方患者年龄大，苦寒之药不能久用，换用荷叶芳香化浊，配合成方长期服用，使肝脾复、痰瘀化、湿热清，获得较理想疗效。

刘鹏

（一）个人简介

刘鹏，男，1966 年生，四川雅安人。教授，硕士研究生导师，西南医科大学附属中医医院医务部部长兼泸州市第二人民医院院长。1984 年就读于泸州医学院中医系，1989 年 7 月毕业，获学士学位。1991 年至 1995 年于达竹矿务局医院任住院医师。1995 年考入泸州医学院攻读硕士研究生，导师为孙同郊教授。1998 年获硕士学位。2000 年至 2007 年于泸州医学院任讲师、主治医师。2007 年至 2012 年于泸州医学院附属中医院任副教授、医务部部长。2017 年至今于西南医科大学任教授、医务部部长、科研部部长等职，2018 年兼任泸州市第二人民医院院长。

刘鹏是四川省中医药管理局第四批学术和技术带头人，全国重型肝病及人工肝血液净化攻关协作组成员，具有丰富的临床经验和处理疑难重症的能力，尤其擅长中西医结合防治重型肝炎，慢性病毒性肝炎；指导和培养硕士研究生10余名。

刘鹏从事中医肝胆病临床、科研、教学工作29年，他围绕本科治疗重点、难点开展科研工作，主持或主研各级课题20余项，发表论文30余篇，获省市科技成果奖7项：1999年"解毒口服液抗内毒素血症的研究"获州市科技进步三等奖；2005年"降脂胶囊防治脂肪肝的临床及实验研究"获泸州市科学技术进步三等奖；2007年"利肝舒冲剂抗乙肝自由基损伤的实验与临床研究"获泸州市科学技术进步三等奖；2009年"中西医结合诊治肝损伤及抗HBV作用的研究"获泸州市政府科技进步二等奖，四川省政府科技进步三等奖。参与国家科技部"十一五"科技支撑计划名老中医项目子课题"孙同郊临床经验、学术思想传承研究"，其中，"孙同郊临床经验、学术思想研究"获泸州市科技进步二等奖、四川省科技成果三等奖。2002年被评为"泸州市青年创新带头人"，2004年论文"利肝舒冲剂小鼠肝自由基损伤的实验研究"被《中华现代中西医杂志》评为年度优秀论文。

（二）科研方向及内容

急性肝衰竭起病急，病死率高，且多为中青年患者发病，严重危害健康，是临床亟待解决的疑难重病。急性肝衰竭在临床上无对应中医病名，因黄疸症状贯穿于疾病整个病程，合并内毒素血症且多伴随神志昏蒙、出血等急危重症，故将其归属于祖国医学"黄疸"的"急黄"或"瘟黄"，"厥证"的"肝厥"及"血症"等范畴。孙同郊教授归纳其病机为湿热疫毒致瘀血阻络、热瘀互搏，故以"清热解毒、凉血化瘀"法为治疗急性肝衰竭主要治法，以其积累的多年的临床经验而拟定"肝毒清颗粒""茵陈四苓颗粒"。

刘鹏传承恩师孙同郊教授治疗肝衰竭之学术思想，对其"清热解毒、凉血化瘀"法治疗急性肝衰竭的疗效进行深入的研究。其主持近10项相关课题，发表相关论文近20篇，为孙同郊教授运用"清热解毒、凉血化瘀"法治疗急性肝衰竭的临床经验补充了循证依据，并结合干细胞移植积极探索急性肝衰竭中西医结合治疗的新思路。

1. 临床研究

刘鹏对清热解毒、凉血化瘀中药治疗慢性乙肝的疗效开展临床研究，证实清热解毒、凉血化瘀中药治疗慢性乙型肝炎合并内毒素血症的有效性和安全性。治疗机制可能与抑制病毒复制，调节机体免疫；改善血循环，促进胆汁代谢及排泄；抑制炎症介质的释放及炎症介质对肝脏的直接或间接损伤，避免全身炎症反应；改善肠道微环境，抑制肠源性毒物的产生及吸收等多方面因素有关。

2. 动物实验

刘鹏对清热解毒、凉血化瘀法治疗急性肝衰竭的机制进行了大量的实验研究，证实肝毒清颗粒、茵陈四苓颗粒能抵抗内毒素肝损伤，减轻肝细胞变性、坏死，促进肝细胞再生，调节免疫系统以保护肝脏。

3. 中药联合干细胞移植新疗法的实验研究

干细胞是目前急性肝衰竭细胞学研究领域的重点及热点。刘鹏结合干细胞移植探索中西医结合治疗急性肝衰竭的新方法，证实肝衰竭模拟环境可诱导骨髓间充质干细胞肝向分化，肝毒清颗粒可促进这一过程；茵陈四苓颗粒与骨髓间充质干细胞在联合治疗急性肝衰竭模型大鼠上有协同作用，可能通过两者共同调节免疫系统信号通路和对抗细胞凋亡实现。

在多年的临床工作中，刘鹏还发现急性肝衰竭患者不同程度伴有腹胀、厌油纳差、乏力等脾气虚、湿邪困脾的表现。"见肝之病，知肝传脾，当先实脾"，刘鹏提出健脾扶正法治疗肝衰竭，将健脾除湿之法与恩师孙同郊教授"清热解毒、凉血化瘀"相结合，主张从"脾"论治急性肝衰竭。

川派中医药名家系列丛书

论著提要

孙同郊

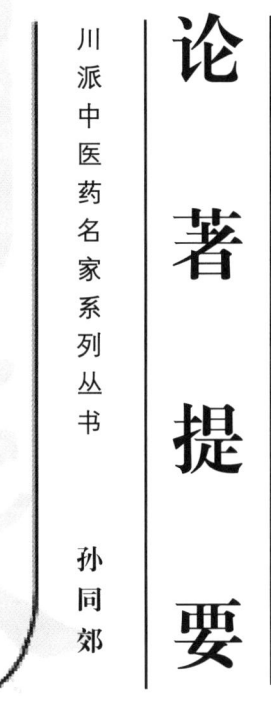

一、论 文

孙同郊教授作为第一作者共发表论文 16 篇，各论文如下：

1. 《我对中西医结合的一点体会》，发表于《成都中医学院学报》1979 年第 1 期。全文包括两部分：

（1）对走中西医结合道路的认识。孙同郊通过十余年中西医结合临床工作，证明"西学中"初期对学中医的怀疑和观望态度是错误的，提出中国医药学是一个伟大的宝库，要一分为二地认识中医和西医，西医学习中医，还应学好西医学等观点。

（2）对中西医结合的设想。就中西医如何结合，孙同郊认为，首先，辨病与辨证相结合是中西医结合在临床实践的初步途径，并以辨病与辨证相结合治疗慢性肾炎肾病综合征、急性肾盂肾炎、哮喘等病取得良效的实例，提出从辨病与辨证的初步结合，已使医疗水平有所提高，如果不断地深入，从初步结合到更多地结合，必然会从量变到质变，产生飞跃的新观点。其次，还应开展基础理论的研究。实行中西结合，绝不仅仅为了在中医或西医里增加一些治疗手段，而是要用现代科学方法整理祖国医学遗产，产生融会贯通的理论，创造统一的新医学新药学，这就必须开展基础理论的研究。

2. 《肾与补肾法的临床应用》，发表于《泸州医学院学报》1979 年第 3 期。全文包括三部分：

（1）祖国医学对肾的认识。孙同郊从肾与人体生长发育和生殖有关系、肾与人体呼吸的关系、肾与消化的关系、肾与水液代谢的关系、肾与骨骼、牙齿的关系、肾与智力、听力的关系、肾与毛发的关系、肾是各脏腑调节的中心等共八个方面论述了肾重要的生理功能。

（2）现代医学关于肾的研究。孙同郊综观上海、天津、广州等地有关肾实质的研究，总结出：①肾与内分泌，尤其与下视丘-垂体-肾上腺皮质系统和下视丘-垂体-性腺系统有密切关系。②肾能提高机体的免疫功能。③补肾能调节能量代谢和组织化学的改变。④温肾药具有激素样作用，而且能保护肾上腺免受外源性激素所造成的萎缩。

（3）补肾法的临床应用。孙同郊认为，补肾法不仅是治疗许多慢性病的重要方法，而且常用于治疗某些疑难杂症和"不治之症"。简述了补肾法的历史沿革，总结了常用的补肾药，并列举了慢性支气管炎及支气管哮喘、再生障碍性贫血、肿瘤、神经衰弱、冠心病、功能性子宫出血、生殖机能减退症、慢性肾上腺皮质功能减退症等在疾病的某阶段须着重补肾法治疗。

通过以上论述，孙同郊指出关于肾的研究还仅是初步的，但它展示了中西医结合的广阔前景。

3. 《祖国医学对肾炎的认识及常用治法》，发表于《泸州医学院学报》1980年第4期。全文包括三部分：

(1)祖国医学的有关记载。孙同郊认为，肾炎古代称之为"水肿"，总结了古代对水肿的分类：《金匮要略》分为风水、皮水、正水、石水及黄汗，《华氏中藏经·水肿脉证生死候篇》分为青水、赤水、黄水、白水、黑水、玄水、风水、石水、里水、气水等十种，《诸病源候论》分为二十二候，《丹溪心法》分为阳水阴水两大类，《证因脉治》分为外感与内伤两类，并认为尤以张仲景的"五水"和朱丹溪的"阴水阳水"比较简单而又切合临床实际，至今仍多沿用。

（2）祖国医学的肺脾肾与肾炎的发病。孙同郊综合古代对肾炎的发病机制认为：本病的病机，与肾、脾、肺三脏有密切关系，肾为水脏，是水液气化的根本，肺、脾则有升降水精的作用。正如《景岳全书》"凡水肿等证，乃脾、肺、肾三脏相干之病，盖水为至阴，故其本在肾，水化于气，故其标在肺，水唯畏土，故其制在脾。……虽分而言之，而三脏各有所主，然合而言之，则总由阴胜之害，而病本皆归于肾。"所谓阴胜即肾阳命火不足，命门火衰致肾不能蒸化，脾不能运化，肺不能布化，所以肾阳命火不足又是造成水肿的根本关键。

（3）常用治法。孙同郊提出：祖国医学治疗水肿的方法甚多，治阳水以祛邪为主，常用发汗、利水和泻下法，代表方如越脾汤、五苓散、十枣汤等。治阴水以扶正为主，常用健脾温肾法，代表方如济生肾气丸，实脾饮等。近年来，随着中医中药和中西医结合工作的开展，在肾炎治疗中又增加了扶正降浊、活血化瘀、清热解毒等治法，更丰富了肾炎治疗的内容。

4.《慢性肝炎治疗的几个问题》，发表于《泸州医学院学报》1980年第1期。全文共分为两部分：

（1）慢性肝炎的一般治疗。孙同郊认为，慢性肝炎存在各种不同的临床表现，主要是有湿热羁留、肝脾肾三脏的亏耗和气血失调这三种病机的复杂组合引起的，在治疗时审查此三种因素的轻重缓急，病变以何脏为主，其虚实程度各如何等，是提高疗效的关键。

（2）治疗中几个问题的讨论。孙同郊进一步回答了在慢性肝炎的治疗中对清热解毒和清泄肝胆肠胃积热药物的应用心得、关于滋养肝肾的重要性、活血化瘀法的应用以及肝功能不正常的治疗四个方面的问题。

5.《慢性肝炎治疗中的一点体会》，发表于《重庆医药》1980年第6期。全文共分为两部分：

（1）辨证中应重视的问题。孙同郊认为慢性肝炎一般都存在湿热羁留、肝脾肾三脏的亏耗及气血失调三方面的问题，湿热不除，病必缠绵。扶正应以滋肝肾和健脾为主，调气血则以行气活血为要。

（2）治疗中几个问题的讨论。

① 关于清热解毒和清泄肝胆肠胃积热药物的应用。慢性肝炎尽管原因还不完全明了，但不少患者可能是长期携带者，湿热蕴遏常贯穿于本病的始终，即使在肝肾亏损阶段，也可稍兼湿热残留，虽某些患者湿热表现不明显，但即或仅见舌苔根部黄腻，也往往就是湿热残留的标志。因此，正确地选用清热解毒药物配伍在适当方中是必要的，有时还可随证选入一些清泄肝胆肠胃的药物如大黄、枳实等，往往积热一清，全身症状随之好转。

② 关于滋养肝肾的重要性。本病的病机首先是肝脏本身的阴阳气血失调，病程愈长，肝的阴阳气血损害愈重，故滋养肝肾是治疗本病的重要手段，是治肝正法。

③ 关于活血化瘀法的应用。祖国传统医学认为气与血相互影响，肝气郁

结可致血瘀，血瘀亦可加重气滞；此外慢性肝病多迁延较久，中医认为"病久入血"；而肝脾肿大的"癥积"，也是血瘀之表现；且本病患者，舌质常有紫斑，皮肤有蜘蛛痣等，亦属于瘀热互结，故采用活血化瘀法治疗本病，在祖国传统医学中是有其理论根据的。

④ 关于肝功能不正常的治疗。苦参、山豆根、龙胆草、蒲公英、板蓝根、茵陈、连翘、白茅根、丹皮、半枝莲、大青叶等清肝解毒清透血分伏热药，确有降酶作用。临床上用五味子降酶者殊多，对各种类型肝炎均有一定效果。对浊絮异常，按一般常法，采用补气、健脾、养肝、化瘀为主，常用归芍六君子汤、六味地黄丸等加减施治，不少病人可逐渐获得好转。

6.《对祖国医学中免疫思想的认识》，发表于《泸州医学院学报》1981年第3期。全文共分为四部分：

（1）祖国传统医学中有关免疫的概念。孙同郊综合祖国传统医学中关于免疫的观点，如"疫疠必有逃门""中医进行人痘接种法"等，说明了祖国传统医学的发展过程中，即有预防疾病和减轻疾病严重程度的免疫学观点。

（2）祖国传统医学的"正气"与免疫的关系。

孙同郊认为祖国传统医学的正气就相当于机体免疫系统的正常功能，卫气是免疫的第一道防线，营气不足会影响机体能量代谢和脏腑功能的正常活动，使免疫功能减退。正气的盛衰由肺脾肾的功能所决定，其中肾是根本，脾是化源，肺起敷布和资助作用。

（3）扶正祛邪治则与免疫疗法。根据"邪之所凑，其气必虚"的理论，孙同郊提出在疾病全过程中往往正气虚损与邪气亢盛同时存在，仅在发病的不同时期，临床表现有所侧重而已，因此治疗上往往需要扶正与祛邪并用，这样既能增强机体免疫功能的稳定性，提高机体的免疫力，又能抑制其免疫反应引起的组织损伤。

（4）几种免疫性疾病的中医治疗。孙同郊总结了中西医结合免疫观点指导下治疗慢性肾炎、慢性活动性肝炎、肿瘤、类风湿关节炎和支气管哮喘等疾病的进展，提出中医药治疗免疫性疾病是有较好疗效的，而且其疗效的取得与恢复免疫功能有关的观点。

7. 《中药治疗 92 例乙型肝炎 HBsAg 转阴及免疫功能观察》，发表于《泸州医学院学报》1982 年第 3 期。具体内容介绍如下：

孙同郊总结了 1981 年 4 月～10 月使用中药治疗乙型肝炎 92 例，分为甲乙两组，用双盲法，甲组口服"赶黄草片"，乙组口服"蚕芪片"，持续服药 6 个月，每 2～4 周观察临床症状，治疗前后及治疗期间做细胞免疫、体液免疫、肝功能、表面抗原等测定 2～4 次，得出以下结论：

（1）乙肝表面抗原持续阳性病例不仅病程迁延难愈，且和肝癌肝硬化之间有密切关系，提示对乙肝的积极防治，能降低原发性肝细胞癌的发生率。

（2）清热除湿、疏肝健脾、扶正补虚之法为治疗本病的大法。

（3）中药能够调整免疫功能，并在免疫功能改善的基础上获得临床症状减轻、肝功能好转和部分病例表面抗原转阴的效果。

8. 《高血压病证治点滴》，发表于《四川中医》1983 年第 2 期。具体内容介绍如下：

孙同郊收集了 1979 年 1 月至 1981 年 12 月收治的高血压病患者 55 例，总结出以阴虚阳亢和阴虚阳亢夹痰浊为主要证型，并介绍了阴虚阳亢使用天麻钩藤饮、肝气郁结化热使用丹栀逍遥散、肝阳上亢使用龙胆泻肝汤、气虚阳虚使用六君子汤及肝阳上亢痰浊内阻使用黄连温胆汤等的治疗经验。

9. 《近年来中医药治疗上消化道出血的概况》，发表于《泸州医学院学报》1983 年第 3 期。全文分为两部分：

（1）辨证分型施治。孙同郊总结各地辨证分型方法，提出上消化道出血常见证型及治法有：①胃中积热型，治宜清胃泻火、凉血止血；②肝火犯胃型，治宜疏肝和胃、凉血止血；③脾胃虚寒型，治宜健脾益气、温中止血；④阴虚型，治宜滋阴清热止血；⑤瘀血型，治宜活血化瘀和胃止血；⑥气衰血脱型，治宜益气固脱止血。

（2）常用有效方药。根据病例特点，孙同郊采用止血、收敛、祛瘀、生肌、庇护溃疡面和消炎等方法，总结了胶艾汤、白及粉、大黄粉等 19 个单方或复方的治疗经验。

10. **《祖国医学与现代新兴学科》，发表于《泸州医学院学报》1984 年第 3 期。全文分为三部分：**

（1）祖国传统医学与系统论。通过对系统论与祖国传统医学的观点的整理，孙同郊提出中医从总体上、相关联系上用发展变化的动态观点认识和处理疾病，从综合角度，用动态信息分析为主的方法是系统论综合性和目的性的雏形，中医的系统观和现代系统论本质一致。

（2）祖国传统医学与免疫学。通过对祖国传统医学和免疫学的对比研究，孙同郊提出：中医药在提高机体免疫功能和治疗自身免疫性疾病方面，有独特的作用与丰富的内容，从中草药中找寻更理想的免疫制剂大有可为。

（3）祖国传统医学与时间生物学。通过对祖国传统医学和时间生物学的回溯，孙同郊提出生物节律现象与中医子午流注理论趋势相同，临床上遇到发病时间节律较强的疾病，按照子午流注时间所归属脏腑制定治疗方案，能收到满意疗效。

11. **《乙型肝炎电脑诊疗程序的研制及治疗 81 例疗效分析》，发表于《泸州医学院学报》1985 年第 8 期。具体内容介绍如下：**

孙同郊研制了一款电脑诊疗软件，于 1984 年 10 月至 12 月，对某工厂 81 例乙型肝炎进行治疗，得出结论如下：

（1）81 例患者治疗 75 天后，部分患者表面抗原转阴或滴度下降，较多患者肝功能恢复。

（2）使用电脑诊疗程序可使证型判断和药物加减规范化，减少治疗误差，可推动中医科研工作。

12. **《养肝止痛口服液治疗痛证 182 例临床观察》，发表于《泸州医学院学报》1990 年第 13 期。主要内容介绍如下：**

孙同郊对 1988 年 6 月至 1990 年 4 月使用养肝止痛口服液的 182 例痛证进行疗效评估，得出结论：养肝止痛口服液 20 ml 痛时服，治疗痛证 182 例，其止痛作用总有效率 82.97%，与阿托品、颅通定组相似（$P > 0.05$），优于玄胡止痛片（P＜0.01）；养肝止痛口服液适应症广泛，对空腔器官痉挛性疼痛、肌肉神经性疼痛以及各种程度的疼痛均有效，尤适宜于胃痛、腹痛、胁痛的一、二级及虚性疼痛；无毒副作用。

13.《中医痛证研究概况》，孙同郊发表于《泸州医学院学报》1990年第13期。全文分为5部分：

（1）病机探讨。孙同郊整理归纳该病病机，认为"不通则痛"和"不荣则痛"是痛证的基本病理，提出"诸痛皆属于肝木"的病机理论。

（2）辨证论治。通过病机理论的探索，孙同郊进一步提出痛证的辨证应当分部位、辨虚实、审寒热、明气血等。

（3）止痛方剂的研究。系统整理了血府逐瘀汤、芍药甘草汤、当归芍药散以及其他医家经验方剂治疗痛证的临床疗效。

（4）止痛新药的研究。对五灵止痛散、芍甘注射液等止痛新药的临床疗效进行了总结。

（5）展望。通过上述整理总结，孙同郊认为中医止痛药的研究已获得许多成果，它们大都有较好的镇痛作用，可广泛用于各种痛证，且无毒副作用或成瘾性，不仅可以弥补西药镇痛药的不足，而且使中医治疗急性痛证占领急症治疗阵地成为可能。

14.《慢性乙型肝炎中医治疗近况》，发表于《泸州医学院学报》1991年第14期。全文分为三部分：

（1）辨证论治。通过对各地近年来研究的总结，孙同郊认为慢性肝炎辨证分型的内容十分丰富，各地分型方法虽有不同，但其实质内容却是互相渗透，互为补充的。临床实践已表明强调整体观念，突出辨证论治仍是目前和将来中医治疗慢性肝炎的最重要的研究课题。

（2）几种立法处方的思路。文中系统介绍了清热解毒利湿法、扶正固本益气健脾法、益肾温肾为主清热化湿为辅法、通阳助阳解毒法及活血化瘀法等具体治法内容，认为上述治法，大多离不开扶正祛邪宗旨，扶正意在益气健脾、滋补肝肾；祛邪重在清热祛湿、凉血解毒、疏肝解郁、活血化瘀。提出由于本病病机的复杂性，欲阻断本病，只从单一环节的调节不如从多个环节调整为好的慢性乙肝治疗观点。

（3）单味中药或中成药研究。该文系统整理了猪苓多糖注射液、复肝能胶囊等单味中药或中成药的临床疗效。

15. 《复方健肝液治疗慢性乙型肝炎 126 例临床总结》，发表于《泸州医学院学报》1994 年第 17 期。主要内容介绍如下：

用复方健肝液治疗慢性乙型肝炎 126 例，与对照 1 组（乙肝解毒胶囊组）比较，HBV-DNA 阴转率较之为优（$p < 0.05$），与对照 2 组（灭澳灵组）比较，乙肝 e 抗原、HBV-DNA、乙肝 e 抗体阴转率均较之为优（$p < 0.05$），降酶、降絮、恢复血浆白蛋白的显效率为 65.52%、77.27%、63.64%，临床基本治愈、显效、好转、无效为 19.05%、38.10%、26.98%、15.87%。服药过程中除少许病例出现大便次数增加、腹胀外，未见毒副反应。

16. 《解毒护肝冲剂治疗慢性活动性乙型肝炎 85 例疗效观察》，发表于《泸州医学院学报》1996 年第 19 期。主要内容介绍如下：

用解毒护肝冲剂治疗慢性活动性乙型肝炎 85 例，HeBAg 阴转率 67.39%，HBV-DNA 阴转率 48.44%，ALT 恢复正常 73.08%，SB 恢复正常 84.85%，A/G 比值恢复至 ≥1.5 为 51.56%，血清白蛋白均值由 35.45 g/L 增至 41.02 g/L。球蛋白均值由 32.58 g/L 降至 26.92 g/L。综合疗效分析：临床基本治愈率 29.41%，显效 43.53%，好转 17.65%。表明解毒护肝冲剂治疗慢性活动性乙型肝炎有较好疗效。

二、著 作

孙同郊教授的著作由出版社出版四部，分别介绍如下：

1. 主编《中医学导论》，1987 年由贵州人民出版社出版。

本书是西南西北片区高等中医院校协作编写的一套中医学教材中的一本，内容包括绪论、中医学理论体系的形成和发展，中医学的哲学思想和方法论，中医学的基础学说和学科体系简介，经典著作学习的重要性和必要性，中医事业的现状和前景展望，中医治学格言选等。孙同郊教授撰写其中的绪论，中医哲学思想和方法论及中医治学格言选，并负责全书的统稿、审稿和定稿工作。本书深入浅出地介绍中国医药学是一个伟大的宝库，中医学具有深邃的科学性和哲理性，为初涉中医学的学生描绘了中医学科的概貌，所要学习的科目和学习方法等，对巩固学生专业思想，激发热爱中医学，引导他们进入中医殿堂起到促进作用。

2. 主编《中医学》，1992年由四川科技出版社出版。

本书是福建、广西、河南、云南、贵阳、遵义、我校等20所高等医学院校协编教材中的一本，由20所院校讨论遴选各种教材的主编，各院校专家教授根据自己专业特长，分别参与各书的编写。《中医学》涉及中医各个科目，内容广泛，分为绪论、上篇中医基础、下篇中医临床，中医基础包括中医基础理论、中药、方剂三部分，中医临床包括内、儿、妇、外和针灸学。临床部分的编写体例以传统中医病证名为纲，分别论述各病证的病因病机和辨证治疗。孙同郊教授撰写了绪论及临床内科病泄泻、腹痛、黄疸、眩晕、头痛、水肿、淋证、痹证、消渴，妇科病月经不调、带下病、崩漏和胎动不安等章节，并负责全书的统稿、审稿、定稿等工作。本书是在参考同类教材的基础上，结合各专家的特长和经验撰写而成，因此具有继承性和创新性。由于使用对象是西医学院的学生，因此在内容上删繁就简，重点鲜明，在文字上言简意赅，思路清晰，能原汁原味介绍中医学特色，又符合临床实践需要，在多个院校应用多年。

3. 副主编《现代中医治疗学》，1995年由四川科技出版社出版。

本书主编是成都中医药大学郭子光教授、广东中医药大学熊曼琪教授，邀请全国多个地区60余名有丰富临床经验的专家教授和日本汉方医学教授十河孝博、小川·新参加编著而成。全书包括绪论，内、妇、儿、外、耳鼻咽喉口腔、眼各科疾病的病因病机和辨证治疗，以及日本汉方医学医疗经验等。孙同郊教授参加编写流行性出血热、矽肺、成人呼吸窘迫综合征、风湿性心脏病、病毒性心肌炎、高血压病等章节的病因病机和辨证分型治疗，并参加内科疾病篇、妇科疾病篇的统稿和审稿工作。本书编写体例采用现代医学病名，辨病与辨证相结合的模式，在内容上充分发挥各专家教授的经验，故有许多创新之处，是中医临床教学、科学研究的很实用的参考书，现已修订及再版。

4. 主编《孙同郊临证随笔》，2015年由四川科技出版社出版。

本书与弟子汪静教授合编，是孙同郊教授多年临床经验的记录和"十一五"国家科技支撑计划课题的总结。全书分三个部分，一是临诊思路，阐述了肝病和一些其他疾病的治疗体会，共20篇；二是医案选编，选录临床工作中治愈或治疗效果显著的实例共87例；三是诊余杂感，是孙同郊教授学医、行医过程中，做人、做事、做学问的体验。本书供同道参考，起到抛砖引玉、活跃学术空气的作用。

学术年谱

川派中医药名家系列丛书

孙同郊

- 1928 年 12 月，出生于江苏省奉贤县（现为上海市奉贤区）。
- 1934～1940 年，在金汇桥小学读小学，由于奉贤县沦陷，日本人烧杀抢掠，必须避难至上海市，因此一部分学业在上海某里弄小学完成。
- 1940～1943 年，在金汇桥附近三官塘镇完成初中一、二年级学习，在南桥镇完成初三年级学习。
- 1943～1946 年，在上海市申联中学读高一，惠中中学读高二、高三。
- 1946 年 10 月～1953 年 1 月，就读于南京中央大学医学院，1949 年新中国成立，该医学院更名为南京大学医学院，后又更名为中国人民解放军第五军医大学，1954 年迁入西安市，更名为中国人民解放军第四军医大学。
- 1953 年 2 月，毕业分配至江西省南昌市中国人民解放军第六军医大学解剖系，任组织胚胎学助教。
- 1954 年，随第六军医大学合校至重庆第七军医大学，后更名为第三军医大学，任组织胚胎学助教。
- 1955 年，调入四川省泸州市四川省川南医院，任内科住院医师。
- 1956 年 3 月～1957 年 8 月，调入北京中医研究院内科研究所，跟随名中医学习中医学。
- 1957 年～1959 年，任四川省川南医院内科住院医师。
- 1958 年，泸州医士校晋升为泸州医学专科学校，川南医院更名为泸州医专附属医院，任内科住院医师。
- 1959 年 3 月～10 月，赴南京中医学院"全国温病师资进修班"学习中医温病学。
- 1960～1961 年，泸州医专附属医院内科设立中西医结合病房，名中医张君斗经常亲临病房查房及指导治疗。受国家三年困难时期影响，该病房后来更名为红专病房，收治全内科的重病人。
- 1962 年，晋升为主治医师，管理病房、门诊及带实习工作。
- 1962 年～1968 年，参加 62 级至 68 级医专班西医内科教学，在完成教学任务前提下，也常为学员讲解治疗常见病的常用中药及经典方。
- 1969 年，参加学校组织的劳动锻炼，在合江县毕架山军垦农场接受教育，为期 9 个月。

●1970年1月，返校调入附院中医科，参加中医临床工作及门诊、会诊工作。

●1972~1976年，参加工农兵学员72、73、74、75、76级中医学教学，讲授中医基础及方剂学。

●1977年，泸州医学专科学校更名为泸州医学院。学院创立中医系，任中医系副主任（主持工作）。先后担任中医基础学、中药学、方剂学及中医内科学等教学任务，并继续在附院中医科参加临床工作。

●1978年，晋升为副教授。

●1978年，成为中国共产党预备党员，1979年转为正式党员。

●1979年，中华中医药学会在北京成立，任第一届理事，1985年任第二届理事。

●1979年，四川省中医药学会成立，任第一届常务理事，1985年任第二届常务理事。

●1982年，任泸州医学院副院长。

●1983年，任泸州市人大副主任委员。

●1984年，参加组建泸州医学院附属中医医院，并参加附属中医医院部分临床工作。

●1984年，建立中西医结合研究室，开展慢性乙型肝炎相关实验研究，此后该研究室改建为国家中医药二级实验室。

●1985年，晋升为教授。

●1985年~1987年，任四川省教委高级职称评审委员会委员，中医药组副组长，组长是成都中医药大学著名专家凌一揆教授。

●1987年，参加西南西北高等中医院校试用教材编写组，主编《中医学导论》，由贵州人民出版社出版。

●1989年，被评为四川省优秀教师。

●1989年，卸去泸州医学院副院长职务，转入泸州医学院附属中医医院工作，参加内科一组查房及门诊工作。

●1989年，被四川省人事厅、卫生厅、中医管理局授予"四川省名中医"称号。

●1990年，"养肝止痛口服液的临床及实验研究"获四川省中医药管理局科技成果三等奖。

●1991年~1995年，参加国家"八五"攻关课题"慢性活动性肝炎、肝纤维化研究"（编号：85-919-04-02）。担任课题分课题"解毒护肝颗粒治疗慢性乙型肝炎的临床及实验研究"，1995年通过验收，此后开始了"解毒护肝颗粒"新药的研制。

●1992年，主编全国20所高等医学院校协编教材《中医学》，由四川省科技出版社出版。

●1992年10月起享受国务院政府特殊津贴。

●1992年，担任成都中医药大学硕士研究生导师，招收硕士研究生2届，共2名。

●1993年，"复方健肝液治疗慢性乙型肝炎临床及实验研究"获四川省中医药管理局科技成果二等奖、四川省科技进步三等奖。

●1995年，泸州医学院获批为招收硕士研究生单位。作为泸州医学院硕士研究生导师招收本院第一届研究生2名。

●1995年，"痛立舒口服液治疗急症疼痛的临床及实验研究"获四川省科技进步三等奖。

●1995年，担任《现代中医治疗学》副主编，该书由四川科技出版社出版。

●1995年，"解毒护肝颗粒"获新药证书，并转让苏州东瑞制药厂。

●1996年，"痛立舒口服液治疗急症疼痛的临床及实验研究"获四川省中医药管理局科技成果二等奖。

●1998年退休，返聘于泸州医学院附属中医医院，参加门诊工作。

●2000年，"解毒护肝冲剂治疗慢性活动性乙型肝炎的临床及实验研究"获四川省教育厅科技进步三等奖。

●2001年，被评为四川省优秀共产党员。

●2002年，被遴选为全国第三批老中医药专家学术经验继承工作指导老师，继承人为汪静。

●2006年，获中华中医药学会首届"中医药传承特别贡献奖"。

- 2011年,被四川省宣传部、文明办、总工会、军区政治部、妇联、共青团授予"四川省第二届敬业道德模范奖"。
- 2013年,被四川省妇联授予"四川省三八红旗手"称号。
- 2014年,主编《孙同郊临证随笔》,由四川科技出版社出版。
- 2014年,被评为泸州市首届"十大名中医"。
- 2015年,被评为四川省第二届"十大名中医"。
- 2016年,被泸州市政府授予"健康泸州·大美医者"称号,被四川省政府授予"健康四川·大美医者"称号。
- 2017年,被国家中医药管理局、中华中医药学会授予全国首届"最美中医"称号,被国家卫计委授予"中国好医生"称号。
- 2022年,被评为全国第二届"全国名中医"。

附录

一、孙同郊教授忆中医启蒙老师赵惕蒙大师

1956年春夏之交,我受组织派遣,赴北京学习中医,那时中医研究院内科研究所云集了许多从各省上调的中医大师。我由于资历浅薄,当时既没有中医基础知识,学习时间又较短暂,在高山仰止、知识渊博的各位大师门下,是没有资格称自己是他们的学生的,考虑再三,姑且称呼大师为我的中医启蒙老师吧。

赵惕蒙大师是我的第一个中医启蒙老师,他70岁左右,瘦高个子,慈祥面容,端庄举止,说话带有浓重的江西口音。可能因为我到四川前曾在江西工作过两年的缘故,所以他把我看作半个小老乡,师生之间相处很好。赵老有个习惯,每次给病人看完病,总是用双手托着处方递给病人,有时还站起来递过去。我们曾劝阻他说:赵老,您贵为国家级名医,不必如此客气吧。他笑而不答。时间久了,有一次他终于说起此习惯的缘由。他说自己年轻时开有诊所,每有病人来求治都是迎来送往的,病人不论富贵贫贱都是自己的宾客,如果时间许可,看完病他还会亲自把病人送至大门口。至于处方,虽是一页薄纸,但其中饱含着医患相互的信任和生命的依托,虽轻犹重呀。此后他又谈起过去常到病家出诊,一般情况下他是不吃病家饭、不说多余话的,当踏进病家门槛时,心头唯一想的是要开出一张有效的处方。他认为多说了与病情无关的话及饱食菜饭会影响自己对病人病情的诊断,使察诊切脉望舌闻声音等都受到影响,脑子也会失去灵性。赵老对西医学也是很信服的,并且很爱护和尊重西医学生,有时他会主动地与我们讨论西医的诊断和治疗。他认为既有西医基础又学好中医,是医学发展的正确方向,可为病人谋福利。在教学上他主张因材施教,他认为我古典文化知识肤浅,暂不适宜学中医的"四大经典",而应先学"内经知要",要循序渐进。我按照他的要求学习后,确实获得了对中医学的初步认识,并被中医学的朴素唯物辩证观和精深的哲学思想所感动,奠定了我学习中医的信心和决心。

1956年年底赵老突然患脑出血,出现右侧瘫痪、失语等严重症状,卧床

不起，失去工作能力，继而举家返回江西。此后我也就未能再见到他。

与赵老相处虽只约半年时间，但我收获甚大，某种程度上也可以说影响了我的后半生。至今已 62 年过去了，他的音容笑貌仍时常在我脑海中浮现，他是我的中医之路的启蒙者和引路人，他的一言一行、一举一动，至今仍散发着令人难以抗拒的独特魅力，让我深深敬仰，难以忘怀。

孙同郊

二〇一八年十月

二、"同郊品质"生动诠释"大医精诚"——孙同郊教授成就及先进事迹

曾写下"先天下之忧而忧，后天下之乐而乐"的范仲淹，还曾说过一句名言——"不为良相，便为良医"。这句名言，用来形容年过八旬、从医近六十载的孙同郊教授，非常贴切。因为，在孙教授的从医生涯中，我们既能看到她热爱祖国、甘于奉献、淡泊名利的崇高品格，又能看到她仁心仁术、视病如亲、大医大爱的职业操守；既能看到她精勤不倦、为人师表、无私传承的敬业激情，还能看到她创新论治、严谨治学、虚怀若谷的进取姿态。她"德高、上善、精勤、创新"的"同郊品质"，生动地诠释了什么是真正的"大医精诚"！她，就是一位让人从心底里敬佩的长者，就是一位悬壶济世佑护生命的良医！

"德高"，体现在她热爱祖国、品德高尚、甘于奉献、淡泊名利。1953 年，南京大学医学院毕业的孙同郊被分配到南昌工作。1955 年她积极响应国家号召，主动放弃优越的环境，到偏远艰苦的川南医院泸州医士校（泸州医学院前身）支援西部医学事业建设。1956 年，国家号召学习中医，她又积极响应参加学习，在著名中医专家赵锡武指导下毕业后，本有机会留在中国医学科学院的她，看到西部医学事业的落后，毅然放弃了留京机会，回到了艰苦的泸州，投身泸州医学院中医系的创建。她的这种以祖国利益为重、积极响应党和国家号召的爱国情怀，不计个人得失、甘于在艰苦之地默默奉献青春智慧的高尚情操，伴随了她一生。1998 年退休后，仍积极发挥余热，为了让自

己所学最大限度地用于救死扶伤，她不顾自己年老体弱，不计名利和报酬，返聘于泸州医学院附属中医医院，坚持每周两次专家门诊，平均每年诊疗工作近110天，每天门诊40余人次，14年来，60 000多名患者得到了她的悉心诊治。

"上善"，体现在她上善若水、仁心仁术、视病如亲、大医大爱。在50多年的行医生涯中，她始终怀着一颗救人济世的心，为生病的人们撑起生命的绿荫。得到她诊治的患者无不亲切地称"孙医生是我们的亲人，孙医生抓方用药总是为减轻我们负担着想，价格便宜且疗效果好。"曾经得到她诊治的人们不会忘记，2005年8月11日，孙医生在赶着上门诊的途中摔倒了，肋骨骨折，但是她仍忍住伤痛，坚持着给病人们看完病后自己再去接受治疗。后来她说出心里话："如果我不来，病人怎么办？他们大老远赶来，不容易呀。"医院也不会忘记，在物价部门批准专家门诊挂号费提高的情况下，孙教授坚决不同意她的挂号费涨价，因为她认为这会增加病人负担。医院和病人更不会忘记，当医院考虑她已是年过八旬的老人，将她的门诊量限号时，她却从不理会限号，只要有病人，就认真地看，往往看完最后一个病人时已是下午，早已过了吃午饭时间很久……。在她的眼里，只有病人，没有高低贵贱之分，对于经济困难的贫困病人，免收挂号费乃至代付药费、给返程路费等对她来说早已是常事。而病人送红包、送土特产表示感谢时，她也总是婉言谢绝。她的学术继承人汪静清楚记得这样一件事：有一次，一个病人在把孙老师的衣服兜都几乎拉烂了的情况下硬塞进了一个红包，孙老师让汪静帮她退还给病人后，有一段时间那个患者没来看病，她就直念叨："是不是他生气了不来看病？不知他病情现在怎么样了啊？"正是因为坚守这样的仁心仁术、视病如亲的大爱情怀，在50多年行医生涯中，她没有发生过一起医疗事故，没有出现过一次医疗差错，没有接到过一次医疗投诉。

"精勤"，体现在她精勤不倦、技术精湛、为人师表、无私传承。在多年从事中西医结合临床、教学、科研中，她博采众长，积累了深厚的中医理论及治疗内科杂病、肝胆病、老年病的临床经验。她主研了多个课题通过验收并获奖，如参加国家"八五"攻关课题"慢性活动性乙型肝炎及其纤维化的防治"研究，主持的分课题"解毒护肝颗粒治疗慢性乙型肝炎的临床和实验研究"按时通过验收；主研的"痛立舒口服液治疗急性疼痛的临床和实验研究""复方健肝液治疗慢性乙型肝炎的临床和实验研究"分别获得了省科委科技进步三等奖、省中医管理局科技进步二等奖。她治疗老年病、慢性乙型病毒性肝炎、肝硬化等学术经验经学术继承人总结后发表于《中医杂志》《中华中医药杂志》等期刊上；主编的教材《中医学导论》由贵州人民出版社出版；主编的教材《中医学》由四川科技出版社出版。她的技术精湛得到了学界的认可，并成为国家级名老中医药专家继承教育工作指导老师。作为导师，她坚持为人师表，无私地将知识传授给了继承人汪静等人。目前，汪静已成为四川省首批优秀中青年中医师，四川省中医药管理局学术技术带头人后备人选，第三批全国中医优秀临床人才研修学员，泸州医学院附属中医院肝胆病科主任。

"创新"，体现在她勇于探索、创新论治、严谨治学、虚怀若谷。比如川南地区肝病者居多，面对肝病顽症，她积极探索创新，中西结合寻找"突破口"，辨证论治，灵活处方用药，总结出了中西医结合治疗慢性肝炎的方法，摸索出治疗慢性肝炎良方——解毒护肝冲剂，以清热解毒除湿、活血、扶正的方法治疗慢性肝炎，得到了业内认可，获得了国家新药批号，并进入临床，疗效颇佳，成为患者的福音。同时，作为教师，她治学严谨，更对学生关爱有加。学生写论文，她帮学生查资料，亲自执笔修改；学生做实验研究，她亲自指导，现场示范，言传身教，虚怀若谷，培养了大量品学兼优的医学人才，遍及全国乃至世界各地，其中不少成为卫生系统的领导、医学博导、中医骨干。

正是由于孙同郊教授用 50 多年的言行诠释了"大医精诚"，她的品质和事迹，得到了医学界的交口赞誉，得到了各级领导的充分肯定，得到了社会各界的高度评价，得到了学生们发自内心的崇敬。医院也将她关爱患者、尊重生命、精勤不倦、严谨求实、以诚待人、虚怀若谷、不计名利、甘于奉献的精神凝练为"同郊风范"，号召大家向她学习。她先后荣获了四川省优秀教师、首届"四川省名中医"、第三批全国老中医药专家学术经验继承指导老师、省优秀共产党员、四川省三八红旗手等称号；获得了国务院批准享受的政府特殊津贴、中华中医药学会首届中医药传承"特别贡献奖""第二届四川省爱岗敬业模范"等荣誉；新华社内参和《中国中医药报》专门报道了她的事迹，她已成为全市、全省乃至全国中医学界的楷模和标杆！正如一位看报道后慕名乘飞机前来诊治的辽宁患者的话："衷心感谢孙老对我的治疗，高尚的品德，高超的技术对患者来说实在是太重要了，孙老您使我受益匪浅，增加了我康复的信心，真正体会到了柳暗花明又一村。"孙同郊教授，就是这样一个"大医"！

（摘自第二届四川省十大名中医申报材料）

三、桃李不言，下自成蹊

"最敬爱"这个词，我几乎停用半个世纪了。今天用它，足见孙老师在我心中的份量。

看了"健康四川—大美医者"评选宣传活动的通知，感觉是在评选完人。俗话说"人无完人"，但和孙老师接触 46 年了，真没有发现她有什么缺点，但优点太多，反而揣揣，难以下笔，就谈两点亲身感受吧。

"认真诊疗每一个病人"，这是孙老师一生的践行。无论在行政业务双肩挑的过去，还是在 87 岁高龄的今天，都是如此。不久前的一天，一个农村病人专程来找孙医生看病，由于路途遥远，到诊室时已经是下午 1 点多钟了。我摸着从早上 7 点多已经忙碌了 5 个多小时的孙老师的手，好冷好冷；望着孙老师的眼，里面的血丝好红好红，说明她老人家已经体能耗尽，精疲力竭了。可她二话没说，又重新穿上工作服，一丝不苟地给这个病人四诊、查体、处方开药、交待医嘱，直到病人离去。这样的例子，真是不胜枚举。毛泽东主席说："一个人做一件好事并不难，难的是一辈子只做好事，不做坏事。"孙老师做到了。

"病人是医生最好的老师"，这是孙老师的口头禅。但理解孙老师这句话，我却用了几十年时间。开始，因为孙老师从来都对病人态度好，所以我仅仅理解为是对病人的礼貌和尊重。后来我发现，仔细了解病人的症状和体征，比问老师和查书本更为重要，因为疾病的痛苦和细微变化，只有病人自己最清楚，他们反馈的信息，往往比老师和书本更实在。再后来，我逐渐明白了，中医是以辨证论治和个体化诊疗为特点的，辨证论治和个体化诊疗都是针对某一个具体病人的，孙老师诊疗疾病之所以疗效显著，就是因为她把"病人是医生最好的老师"落实到了病人的身心上，针对每一个病人不同的辨证论治结果，开出个体化精准处方，因而取得了更好的疗效。几年前，和孙老师的一次谈话，更使我对"病人是医生最好的老师"的理解上升到了更高的层次。孙老师说：医院是一个生死大舞台，这里能看到健康时难以看到的懦弱与顽强，辛酸与欢乐，能感悟到人性最真实的东西，能感悟到对生命的敬畏，能教我们怎样做人。

西汉司马迁《史记·李将军列传》云："桃李不言，下自成蹊"。数十年来，病人用心投票，早已成就了孙老师的"大美医者"。今天我书不尽言，倾心推荐，非为添加热闹，只是表达医者的良心。因为，在我的背后，还有西南医科大学原中医系 77 级同学及孙老师学生、数十位专家教授期盼的眼睛。

胡春生

2016 年 5 月 27 日于西南医科大学心脑病科